Vilém Flusser
Jude sein

VILÉM FLUSSER

Jude sein

Essays, Briefe, Fiktionen

Herausgegeben von
Stefan Bollmann
und Edith Flusser

Mit einem Nachwort
von David Flusser

BOLLMANN

Edith Flusser übertrug die Texte 6, 7, 10–15, 24 und 25 aus dem Portugiesischen. Der Text »Die Brücke« wurde von Ines Karin Böhner aus dem Englischen übersetzt. Die Fußnoten stammen von den Herausgebern.

© Copyright 1995 Bollmann Verlag GmbH
Alle Rechte, insbesondere das Recht der Übersetzung, Vervielfältigung (auch fotomechanisch), der elektronischen Speicherung auf einem Datenträger oder in einer Datenbank, der körperlichen und unkörperlichen Wiedergabe (auch am Bildschirm, auch auf dem Weg der Datenfernübertragung) ausdrücklich vorbehalten.
Verlagsanschrift: G 7, 24 · D-68159 Mannheim
Umschlag und Satz: Bollmann Verlag
Belichtung, Druck und Bindung:
Clausen & Bosse, Leck
Printed in Germany
ISBN 3-927901-58-x

INHALT

1. Teil STATIONEN

1	Die Brücke	9
2	Brief an Dr. Joseph Fränkl, 16. Mai 1976	12
3	Vater	18
4	Romy Fink	25
5	Brief an David Flusser, 14. März 1973	35
6	Die Enttäuschung	38
7	Eine Frage von Modellen	42
8	Brief an David Flusser, 4. Februar 1990	48
9	Kann man sein eigenes Judentum überholen?	51

2. Teil JUDE SEIN

10	Jude sein (1) – existentieller Aspekt	57
11	Jude sein (2) – kultureller Aspekt	67
12	Judentum als Quelle des Westens	73
13	Jude sein (3) – religiöser Aspekt	81
14	Judentum als Ritualisierung	87
15	Vom jüdischen Ritus	94

3. Teil ODI ET AMO

16	Vom Fremden	101
17	»Dostojewskij und das Judentum«	107
18	Selbstauslöser	112
19	Odi et amo	118
20	Judenstaat '91	123

4. Teil EINE JÜDISCHE LITERATUR?

21 Juden und Sprache	131
22 Pilpul (1)	137
23 Pilpul (2)	143
24 Agnon oder das Engagement für den Ritus	154
25 Warten auf Kafka	166

NACHWORT
von David Flusser   181

NACHWEISE   187

1. Teil

STATIONEN

I

DIE BRÜCKE

Mein Grossvater hatte eine Fabrik für Anilinfarben für Lebensmittel wie zum Beispiel Würste und Eiscreme. Tatsächlich aber war es eher ein Ort, an dem verschiedene Pulver je nach den Wünschen der Kunden gemischt wurden. Die Farben waren in Form von Zuckersternen auf einem Pappkarton ausgestellt, und meine Schwester und ich haben die Sterne gewöhnlich gegessen, wenn mein Großvater nicht hinschaute. Die Fabrik mit dem französischen Schriftzug »Fabrique des colorants inoffensifs« (etwas unglaublich Elegantes im Prag zwischen den Kriegen) befand sich hinter dem Gebäude, in dem ich geboren wurde. Es war ein dreistöckiges Art nouveau-Gebäude, von dem meine Großeltern das erste Obergeschoß bewohnten, ein deutscher Richter mit dem tschechischen Namen Lastovicka das zweite und meine Eltern das dritte, wobei mein eigenes Zimmer auf die Fabrik und den Hinterhof hinaussah. Im Erdgeschoß gab es einen Barbier, und dieser kam jeden Morgen zu meinem Großvater, um ihn zu rasieren und ihm den Schnurrbart zu adjustieren. Doch die allerwichtigste Sache war die: Da gab es eine Brücke, die die Küche meiner Großeltern mit dem Dach der Fabrik verband, und das Dach war ein Garten! Ein Dachgarten gerade wie Semiramis Hängende Gärten. Das Dach war natürlich zementiert, doch es gab dort Blumenbeete, eine Schaukel für uns Kinder und mehr oder weniger eine Sommerlaube, in der meine Großeltern während des »Sukkoth« (des jüdischen Laubhüttenfestes) lebten – natürlich taten sie das nur symbolisch, da meine Großmutter Angst hatte, sich in den Nächten zu erkälten. Vom Garten aus führte eine Art Leiter in den Hof der Fabrik, doch diese Leiter zu benutzen, war uns Kindern verboten.

STATIONEN

Wann immer es einen Tag gab, an dem es nicht regnete, gingen wir von der Schule nicht direkt zu unserer Wohnung, sondern stattdessen zu der unserer Großeltern, geradewegs in die Küche und von dort über die Brücke in »unseren« Garten. Auf dem Weg durch die Küche stahlen wir uns gewöhnlich etwas zu essen, wenn wir uns von dem Dienstmädchen unbeobachtet glaubten. Erwischte sie uns dennoch, waren wir jedesmal wieder von dem Tropfen fasziniert, der immer von ihrer Nase hing, wenn sie uns in ihrem analphabetenhaften Prager Slang ausschimpfte. (Tschechisch durchsetzt mit vielen deutschen Wörtern und fast ohne erkennbare Grammatik.)

Von der Küche aus gingen wir in den Garten, der auf die Balkone der anderen bürgerlichen Gebäude in der Nachbarschaft blickte. Diese Balkone wurden »pavlače« genannt, und Teppiche hingen zum Reinigen von ihnen herab. Doch das interessierte uns nicht. Wir starrten von der Brücke in den Hof, wo die Arbeiter meines Großvaters (ungefähr 15 an der Zahl) gerade Fußball spielten oder ihre Würste aßen und Bier dazu tranken. Im Hof gab es einen enorm großen Bernhardiner, der natürlich auf den Namen »Barry« hörte. Manchmal kam er in den Garten, und wir ritten auf seinem Rücken. Er war sehr gut zu uns Kindern.

Eines Tages spielte einer der Arbeiter mit ihm, während wir von der Brücke zusahen. Urplötzlich drehte der Hund durch. Er fiel den Arbeiter an und biß sein rechtes Bein oberhalb des Knies ab. Ein Schwall Blut kam aus der Wunde geschossen, der Arbeiter lag am Boden, das Bein steckte noch im Maul des Hundes, und wir Kinder standen auf der Brücke und sahen dem allen zu.

Ich weiß nicht mehr, was darauf oder später passierte. Ich habe den Arbeiter danach nie mehr wiedergesehen. Sein Name war Anton. Doch ich weiß, was die Brücke für mich bedeutete, nachdem dies passiert war. Sie bedeutete plötzliche Verwandlung von Güte in brutale Aggression. Es geschah, glaube ich, 1926, doch für

Die Brücke

mich war es auch 1939. Der plötzliche Stimmungswandel nach der Okkupation durch die Nazis. In meinen Augen ist Prag wie der Bernhardinerhund Barry. Der Wandel von Prag überraschte mich nicht, als er kam: In einer Art prophetischer Vision hatte ich ihn bereits von einer Brücke aus gesehen. Hunde mag ich seither nicht, und auch keine Brücken.

BRIEF AN DR. JOSEPH FRÄNKL

16. Mai 1976

Lieber Herr Doktor,
danke für das mit Ihnen geführte freundschaftliche Gespräch, und, eben von der Reise zurückgekehrt, gebe ich Ihnen, wie vereinbart, ein Resümee meiner Familiengeschichte, so wie sie durch Dichtung und Wahrheit auf mich gekommen ist:

Väterlicherseits stamme ich von einer seit Menschengedenken in Rakovník ansässigen Judenfamilie. In der Judengasse Rakovníks gibt es ein kleines gotisches Haus, das in unserem Familienbesitz war, in dem vor '39 eine Großtante und ihre beiden unverheirateten Töchter eine Tabaktrafik führten (aus ersichtlichen Gründen genannt »u tři hub«*) und in dem jährliche Zusammenkünfte unserer Familie stattfanden. Die Familie Flusser war mit der anderen Judenfamilie in Rakovník durch ständig gekreuzte Inzucht verschwägert, und angeblich bedeutet »Flusser« den Herauszieher von Kieseln aus Flüssen für Glasfabrikation. Aber gegen Ende des 19. Jahrhunderts begannen sowohl die Glasers (jene andere Rakovníker Familie) als auch die Flussers auszusterben. Die Glasers degenerierten in Idiotie und Kleinverbrechen, und ich glaube nicht, daß jemand von ihnen den Nazismus erlebt hat. Die Flussers hingegen mündeten in einem einzigen Stammhalter, meinem Großvater Leopold, und, soviel ich weiß, sind alle übrigen Flussers auf der Welt (zum Beispiel in Budapest und New York vor '39) ganz entfernt von unserem Zweig, und wahrscheinlich in den napoleonischen Kriegen ausgewandert. Mein Großvater Leopold war ein »Aufklärer«, schon vor 1870 marxistischer »Wahlmann«, was

---

*Zu den drei Mäulern

Brief an Dr. Joseph Fränkl

ihn aber nicht hinderte, als eine Art noblerer Hausierer mit Kutsche und Kutscher Heiligenbilder in der Hopfengegend zu verkaufen und zugleich das jüdische Brauchtum, wenn auch unorthodox, zu befolgen. Meine Großmutter Regina hatte einen Ausschank, wo sie »jednu za dvě« verkaufte, was, wie ich glaube, slivovice bedeutet. Diese meine Großeltern hatten zwei Söhne, meinen Onkel Karl und meinen um ein Jahr jüngeren Vater Gustav. Sie wurden 1884 und '85 geboren, und, nach Absolvierung der Rakovníker Realschule, studierten beide, ganz typischerweise für das aufgeklärte Landjudentum, an der Wiener Universität. Mein Onkel wurde Bauingenieur, kam zur Bahn, baute Brücken, wurde etwa 1930 Streckenchef der Strecke Prag – Podmoklí, lebte in Ústí n/L, und man sprach davon, daß er Verkehrsminister werden solle. Er hatte zwei Söhne: Gustav und Otto. Im Krieg wurden er und meine Tante Berta selbstredend verschickt, aber beide überlebten. Sie starben in Israel in den 50er Jahren. Mein Cousin Gustav (jetzt David Flusser) ist Professor für Frühchristentum an der Hebräischen Universität Jerusalem und wurde durch seine Arbeiten über die Rollen des Toten Meeres und seine Jesusbiographie weit bekannt. Mein Cousin Otto lebt in Jerusalem und ist Postbeamter. Beide haben Kinder.

Mein Vater Gustav studierte Mathematik und Physik in Wien, dann in Prag (unter anderem bei Einstein) und selbstredend auch Philosophie (was ja das Fach mit sich bringt). So kam er mit T. G. Masaryk in Verbindung, und war einer jener »Pátečníci«*, welche auf die ČSR einen entscheidenden Einfluß ausübten. Er dürfte um das Jahr 1908 promoviert haben und wurde Privatdozent für »politische Arithmetik« (eine Vorstufe der Mengenlehre). Da dies aber wahrscheinlich kein Geld

---

* »Pátečníci« (von pátek: Freitag) wurden die Intellektuellen genannt, die sich freitags bei Tomáš Garrigue Masaryk versammelten.

einbrachte und da mein Großvater, der inzwischen sehr wohlhabend geworden war, aber geizig blieb, wenig beisteuerte, unterrichtete mein Vater auch Mathematik an der Deutschen Handelsakademie am Prager Fleischmarkt. Zugleich verfolgte er seine philosophischen Interessen, war von Mach und Avenarius beeinflußt und neigte zum Marxismus. Einige Bücher Masaryks, darunter »Selbstmord«, übersetzte er ins Deutsche. Als der erste Krieg ausbrach, engagierte sich mein Vater, auch unter Einfluß von Beneš und Čapek, an der Revolutionsbewegung. So kam er im Jahr 1918 als sozialdemokratischer Abgeordneter ins Parlament, wo er aber nur bis etwa 1924 blieb. Aus mir unbekannten Gründen (wahrscheinlich mit Antisemitismus verbunden) verließ er dann die aktive Politik. Er widmete sich seiner Wissenschaft (veröffentlichte einige Bücher, die mir unzugänglich sind), war Dozent sowohl an der deutschen als auch der tschechischen Universität und seit etwa 1928 Direktor der Deutschen Handelsakademie (eine Art geldeinbringende Sinecura); aber es gelang ihm, aus dieser Akademie, mittels Anschlusses eines »Abiturientenkurses« (heute würde man Postgraduation sagen), ein wissenschaftliches Institut zu schaffen. Völlig agnostisch, war er doch am Judentum aktiv interessiert, wurde Großpräsident der B'nai B'rith*, leitete verschiedene jüdische Organisationen und ließ zu, daß ich Bar Mizwa machte. Sein Antizionismus war sehr virulent (erst heute verstehe ich seine Gründe dafür), und er lehnte ein im Jahr 1938 erteiltes »Ehrenzertifikat« nach Palästina ab, das mit einem Jerusalemer Lehrstuhl verbunden war und ihm das Leben gerettet hätte. Er wurde am Tag der Besetzung Prags von der Gestapo (darunter zwei seiner Schüler aus der deutschen Universität) verhaftet, nach Folterung freigelassen, dann wieder verhaftet und am

---

*Die weltweit hochangesehene Independent Order of B'nai B'rith (Söhne des Bundes) wurde 1843 in New York als jüdischer brüderlicher Orden von deutschstämmigen Juden gegründet; Tätigkeiten vor allem auf dem Gebiet der allg. Wohlfahrt und des Sozialdienstes.

Brief an Dr. Joseph Fränkl

18. Juni 1940 in Buchenwald ermordet. Er hatte ein volles Leben geführt, war geistig immer tätig gewesen, war wohlhabend (einige Häuser brachten Mieten, und seine Schwiegereltern waren reich) und ist innerhalb seiner Überzeugung, also würdig, gestorben. *Sichranah lebrachah**.

Im Jahr 1919 heiratete er Melitta Basch, meine Mutter. Diese war viel jünger als er (geboren 30.11.1897 in Prag) und kam aus ganz anderen sozialen Schichten als er. Die Familie Basch sind uralte Juden, wahrscheinlich sephardischen Ursprungs, und ein Ahne war angeblich jener Cordobeser Bassevi, welcher im Jahre 1492 mit den Führern des spanischen Judentums ausgezogen war, um einen Judenstaat zu gründen. Jedenfalls wurde die Familie irgendwann im 19. Jahrhundert geadelt, und ein Baron Basch (Onkel meines Großvaters) war der Leibarzt Maximilians von Mexiko und wurde mit diesem beim Indianeraufstand Juárez hingerichtet. Ein Bruder meines Großvaters war Präsident der Wiener Börse. Mein Großvater selbst, Julius, der laut des Papiers, das Sie mir sandten, am 23.1.1865 geboren wurde, studierte in Deutschland Chemie und arbeitete als Ingenieur bei I.G. Farben. Dort gelang es ihm, ein Verfahren für die Erzeugung von Indanthrenfarben für Lebensmittel auszuarbeiten und zu patentieren. Damit gründete er, zuerst bescheiden, dann in wachsendem Ausmaß, eine Erzeugung in Prag (Julius Basch, Fabrik für Giftfreie Farbstoffe) etwa um 1890, und diese Fabrik war angeblich die einzige ihrer Art in Mitteleuropa. Jedenfalls hatte sie Niederlassungen in vielen Ländern (ich erinnere mich an Japan, Türkei, Holland und Südafrika) und war hochautomatisch (Mischapparate, ein für die erste Hälfte des Jahrhunderts seltener Umstand). Diese Fabrik baute mein Großvater in Dejvice, Bubenečská 5, und vor das Fabrikgebäude baute er ein Bürgerhaus, in dem sowohl meine Mutter als auch meine Schwester

---

*hebräischer Segensspruch; etwa: Die Erinnerung soll zum Guten gereichen.

und ich geboren wurden und bis 1939 wohnten. Meine Großeltern Basch (Julius und Olga) waren typische Prager Großbürger, kultiviert und beschränkt, jüdisch »ohne Übertreibung« (das heißt: Kiddusch* und kein Schinken, aber nicht koscher) und reich, ohne es zu zeigen, das heißt Aktien, Häuser, Gold, aber was man damals wohl »bescheidene Lebensführung« nannte, also keine Villas und großen Autos.

Meine Großeltern hatten drei Kinder. Wilhelm (nach dem ich heiße), Ludowika (nach der meine Schwester hieß) und meine Mutter Melitta. (Diese Namen allein sind Hinweise auf den viktorianischen Kulturkreis.) Mein Onkel Wilhelm war Violinist und lebte in London. Auf ausdrücklichen Wunsch meines Großvaters kehrte er im September 1914 nach Prag zurück, rückte ein, und fiel beinahe sofort bei Nisch in Serbien. Er starb unverheiratet, und mein Großvater hat seinen Tod nie überwunden. Meine Tante Ludowika (angeblich ein Untam**) war selbstverständlich gut österreichische Krankenschwester im Krieg, und starb, unverheiratet, am 18. Oktober 1918, am Tag der Revolution, an spanischer Grippe. Als also mein Vater meine Mutter heiratete, war sie die einzige Tochter und Erbin. Man kann sich den Skandal vorstellen, ein linker Intellektueller heiratet Fräulein Basch und will seine Ideen nicht aufgeben, obwohl mein Großvater Basch meinen Vater sofort zum »stillen Teilhaber« seiner Fabrik machte und ihn wahrscheinlich auch anderswie »bestechen« wollte. Ich glaube, das war die stumme Tragödie der Ehe meiner Eltern: der hochmütige »Geistige« und die viel jüngere, kultivierte und zurückhaltende »fille rangée«. Ich glaube jedoch auch, daß es eine gute Ehe war: Mein Vater »unterrichtete« meine Mutter, und diese »kultivierte« meinen Vater.

Aus dieser Ehe entstammten ich und meine Schwester Ludvika. Ich wurde am 12. 5. 20 und meine Schwe-

---

* hebräisch »Heiligung«: Segensspruch bei einem Becher Wein.
** jiddisch für Tollpatsch

Brief an Dr. Joseph Fränkl

ster am 21.12.22 geboren. Da ich der einzige Erbe meines Großvaters war, wollte er, ich möge Basch-Flusser genannt werden, wogegen sich mein Vater stellte (wohl wegen der aristokratischen Konnotationen des Hyphen). Den Siegelring mit der Baronenkrone (nebbich!) trage ich allerdings noch immer. (Übrigens hat meine Frau vor einigen Jahren zufällig das Wappen der Baschens gefunden, aber dann wieder verloren.) Wir führten (meine Großeltern Basch, meine Eltern, meine Schwester und ich) ein gutbürgerliches Leben in dem Bubencer Haus und in dem Landhaus, das mein Vater bei der Moldaumündung kaufte. Im Jahre 1942 (also zwei Jahre nach der Ermordung meines Vaters) wurden alle (meine Großeltern, meine Mutter und meine Schwester) verschleppt, nachdem man sie (laut des mir von Ihnen gesandten Papiers) in die Dlouhá und auf den Zbořenec umgesiedelt hatte. Vorher wohl noch hatte mein Großvater die Fabrik an einen Strohmann, seine langjährige Buchhalterin Frau Müller, zum Schein verkauft, in der verlorenen Hoffnung, sie für mich zu retten (sein Lebenswerk, und ich sein Stolz, denn jedes jüdische Enkelkind ist bekanntlich genial). Alle sind, zu mir Gott sei Dank unbekannten Daten, umgebracht worden, und ihr sinnloser Tod ist das Zeichen, unter dem ich zu leben habe.

Ich besuchte die tschechische und deutsche Volksschule, das deutsche Realgymnasium in Smíchov, machte auch eine tschechische Matura und immatrikulierte an der tschechischen juristischen Fakultät im Jahr '38. Dank der Hilfe meines späteren Schwiegervaters Barth floh ich im März '39 (etwa den 20.) nach England, von dort nach Brasilien, wo ich Hochschullehrer wurde. Ich bin mit Edith Barth verheiratet, habe drei Kinder, und schreibe Essays und Bücher. Aber das ist jüngste Geschichte, und für Sie wohl ohne Interesse. Was Sie interessiert, endet im Jahre 1944, dem Jahr der Ausrottung meiner Familie...

3

VATER

Das Viertel Bom Retiro (gute Zuflucht) der Stadt São Paulo war noch vor wenigen Jahren ein Gewirr von Judengassen. Das geschäftige Gedränge war bunt, portugiesische und jiddische Rufe verbanden die Gehsteige, Kaftan-bekleidete und Schläfenlocken-tragende Verkäufer priesen Bluejeans an, halbnackte Frauen vor vergitterten Fenstern priesen sich selbst an, und Volkswagen versuchten hupend, sich einen Weg zu bahnen. Damals ging ich des öfteren hin, angeblich nicht, um die halbnackten Frauen und die ausgestellten Kleidungsstücke zu besichtigen (die allerdings beide von minderwertiger Qualität waren), sondern um eine Art von ethnischem Puzzle zu spielen. Ich suchte mir einen beliebigen Menschen aus der Menge aus, versuchte seine Herkunft zu erraten, befragte ihn dann danach und gab mir selbst Punkte. Es war mir ein Leichtes, zwischen den sephardischen und aschkenasischen Juden zu unterscheiden, schwieriger war es, unter den sephardischen etwa ungarische von türkischen und unter den aschkenasischen etwa russische und deutsche zu unterscheiden, und das Spiel wurde spannend, wenn es galt, etwa zwischen einem Konstantinopler und einem Smirnaer, oder zwischen einem Frankfurter und einem Mannheimer unterscheiden zu wollen. Doch einmal erlebte ich eine Überraschung:

Ein alter Herr, mit Vollbart, aber ohne Schläfenlocken, mit einem Gebetsmantel ähnlichen Gewand, aber ohne Kapperl, und in Sandalen, ging langsam über die Gasse, und ich war unfähig, ihn unter die Hauptkategorien »Aschkenas-Sepharad« einzuordnen. Ich sprach ihn also an (portugiesisch und in gebrochenem Jiddisch), aber er verstand mich nicht und antwortete höflich in einer mir fremden Sprache. Ich bin zwar in semi-

Vater

tischen Sprachen sehr wenig bewandert, habe aber ein gutes Sprachgefühl, und die Sprache des alten Herrn klang in meinem Ohr wie ein sehr altertümliches Hebräisch – als ob der Herr lateinisch statt portugiesisch gesprochen hätte. Ich unterdrückte jedoch sofort das leichte Gruseln: Wahrscheinlich war der alte Herr ein jemenitischer Jude, sprach einen mit Hebräisch durchsetzten südarabischen Dialekt und war erst jüngst nach Brasilien gekommen. Er war sichtlich im neuen Land desorientiert, und ich mußte ihm beistehen. Um dies tun zu können, mußte ich aber seine Sprache verstehen. Ich hielt daher ein Taxi an, bat den alten Herrn einzusteigen (er tat es mit höflicher Verbeugung), und sagte dem Lenker, er möge uns zur Stadtbibliothek bringen. Sicher sind dort jemenitische Wörterbücher zu finden.

Sie sind tatsächlich dort, und (wie uneingestandenerweise erwartet) entsprechen sie nicht der Sprache des alten Herrn. Ich bitte daher die Bibliothekarin, nach einem chaldäischen Wörterbuch zu suchen. Während sie damit beschäftigt ist, sitze ich dem lächelnden alten Herrn im großen, verlassenen Lesesaal gegenüber und versuche fieberhaft, die armseligen mir verfügbaren Daten betreffs »Chaldäa« aus dem Gedächtnis zusammenzukratzen. Ich finde dort zwei Brocken: »Ur in Chaldäa« (Abrahams Heimat) und »Chaldäer« als klassische Bezeichnung für Magier und Astrologen. Dabei hat »Ur« für mich einen deutschen Beigeschmack, wiewohl ich mir der falschen Etymologie bewußt bin, und bei »Chaldäer« muß ich auch an die Sprache einer orientalischen Kirche denken. Diese beiden Brocken scheinen keinen Zusammenhang zu haben. Ich muß weiter im Gedächtnis suchen, mich an meine Schulzeit erinnern.

Ein Volk im Zweistromland (Kaldi, Kasdîm, Kar-Dunjasch), älter als das babylonische, zweifellos semitisch, aber mit den nicht-semitischen Sumerern in Wechselbeziehung. Einige babylonische Könige (Nabupolassar und seine Nachfolger) sind Chaldäer gewesen. Die babylonische Priesterkaste war vorwiegend chaldäisch. Abraham, soweit er historisch überhaupt faßbar ist, entstammt einer chaldäischen Mittelperiode (etwa Mitte des zweiten Jahrtausends v. Chr.). Die klassische Bedeutung von »Chaldäer« ist auf Daniel (etwa fünftes Jahrhundert v. Chr.) zurückzuführen. Noch später wurde die chaldäische Sprache mit der babylonischen und sogar der aramäischen verwechselt. Und jetzt kommt die Bibliothekarin strahlend zurück: Sie hat ein chaldäisch-englisches Wörterbuch gefunden. Ich flüstere ihr zu, damit der alte Herr es nicht hört (lächerlich, er versteht kein Wort portugiesisch), sie möchte mir alles unter dem Stichwort »Abraham« Verfügbare bringen.

Ich schlage das Wörterbuch auf, der alte Herr blinzelt vergnüglich. Ich lese fragend: »Abi-ram?, Ab-hamon?, Ab-rucham?, Ab-ram?, Sarai?, Sara?« Er antwortet lachend »Abi«. Trotz des Lachens ist ein Unterton von Autorität herauszuhören. Denn ich verstehe, was er sagt: »Ich bin dein Vater, du mein Sohn, und es ist gleichgültig, welchen meiner Beinamen du vorziehst.« Ich blättere nach und frage: »Vater der Gläubigen? Vater des Glaubens?« Er gibt eine sichtlich lustige Antwort. Laut Wörterbuch: »Vater des Sandes am Meer, der zerstreut wurde, um alle Räderwerke kaputt zu machen.« Ich kann nicht mitlachen, denn es läßt mich stutzen. Hat es etwa zu seiner Zeit in Ur Räderwerke gegeben? Er merkt das, nimmt mir das Wörterbuch aus der Hand, und von nun ab ist er es, der das Gespräch leitet. Er weist bei seiner Rede auf die entsprechenden englischen Worte, und ich verfahre entsprechend.

Er beginnt mit der folgenden Aussage: »Ich bin hergekommen, um Fragen zu stellen, nicht, um ausgefragt zu werden. Ich bitte dich höflich, aber dringend, unsere beiden Rollen nicht zu vertauschen.« Gedemütigt kann ich nicht anders, als auf »okay« zu weisen. Aber da kommt die Bibliothekarin mit einem Berg von Büchern. Abraham versteht, worum es geht, und zeigt mit lächelnder Geste, ich könne ruhig über ihn nachschlagen, er könne warten. Es liest sich wie ein Polizeibericht: Landflucht, Prostituierung der eigenen Frau, gegenseitige Betrügereien mit seinem Geschäftspartner, ver-

Vater

suchter Mord am eigenen Sohn, widerrechtliche Enterbung aller anderen Söhne, Schacher mit Konkurrenten und sogar mit Gott. Warum schmunzelt der alte Herr, während ich das lese? Ich sehe plötzlich den Grund ein: Er hält die Lektüre für pädagogisch. Ich soll den Unterschied zwischen Verbrechen und Sünde lernen. Alles, was Abraham verbrach, tat er guten Glaubens, und dieser gute Glaube war das Motiv aller seiner Taten. Ich lerne Gutgläubigkeit als Verschmitztheit, als Strategie kennen. Abraham rückt dabei in die Nähe des Ulysses. In dieser guten Laune beginnt das eigentliche Gespräch mit dem Vater.

»Hat Gott eigentlich sein Versprechen gehalten?« Ich glaube, er meint das Versprechen vom Sand am Meere. »Es gibt etwa 16 Millionen Juden (Kinder deines Enkels Jakob), aber weit über vier Milliarden andere Leute.« So war das aber nicht gemeint: Abraham hat kein Interesse an Statistiken und an Juden. »Keine Ausreden bitte. Hat Gott es später besser gemacht als damals mit der Sara?« Ich habe ihn jetzt verstanden und kann auf ihn eingehen.

»Er hat, soviel ich weiß, den Versuch einige Male wiederholt, und drei dieser Versuche, mit der Rachel, mit einer gewissen Maria und mit einem Araber namens Mohammed, sind relativ erfolgreich gewesen.« »Von der Rachel weiß ich, erzähl mir von dieser Maria.« »Er hat sie durch Gabriel geschwängert, es ist ein Rabbiner namens Jesus daraus geworden, und der hat die Sünden aller Leute auf sich genommen.« »Ist damit die Sünde aus der Welt geschafft worden?« »Nein, denn dieser Jesus hat seine Botschaft ins Unglaubwürdige vertuscht und nur jene von der Sünde erlöst, die trotzdem daran glaubten.« »Warum tat er dies?« »Um den Leuten die Entscheidungsfreiheit nicht zu nehmen.« »Nicht schlecht gedacht, aber wahrscheinlich nicht sehr wirksam?« »Du hast recht: Die meisten Leute haben nämlich nicht wirklich geglaubt, sondern dies nur vorgetäuscht, und damit ist die Sache mit dem Sündigen noch ärger geworden als zu deinen Zeiten.« »Aha, und darum wohl der neuerliche Versuch mit diesem Mohammed?« »Ja, und in diesem Fall hat Gabriel die göttliche Botschaft in die Feder diktiert, um Irrtümer zu vermeiden.« »Es ist ein Buch daraus geworden?« »Ja, der Koran, als zweite, verbesserte Ausgabe von Jesus.« Er lacht schallend: »Ein Buch statt eines Menschensohns, auf so was muß man kommen. Und was ist daraus geworden?« »Es kommt darauf an, wie du es ansiehst. Viele Leute benützen das Buch, um andere damit zu bekämpfen.« Neues Gelächter: »Das gönn ich Ihm. Er hat schon immer eine zu gute Meinung gehabt in Bezug auf Seine am sechsten Tag vollbrachte Leistung.«

»Und was haben die Leute sonst für Unfug getrieben, seit ich weg bin?« Soll ich ihm etwa die Geschichte der letzten dreieinhalbtausend Jahre erzählen? »Sie haben die Welt immer besser verstanden und dadurch die Welt und sich selbst ziemlich verändert. Das wirst du ja bemerkt haben, seit du zurück bist.« »Haben sie die Welt zu verstehen versucht, um sich selbst zu verändern?« »Viele versuchten, die Welt zu verstehen, ganz einfach, weil sie so interessant ist.« »Bitte schweige davon, wegen solcher Leute habe ich ja Ur verlassen. Erzähl mir lieber von den anderen Leuten.« »Viele haben versucht, die Welt und sich selbst zu verändern, weil sie der Meinung waren, daß nicht alles so ist, wie es eigentlich sein sollte.« »Das ist eine vernünftige Meinung. Also die Leute haben versucht, die Welt zu verstehen, um Seine Fehler korrigieren zu können?« »So kann man es auch sagen. Aber eigentlich ist es angebrachter, statt dessen zu sagen, daß die Leute etwas besser leben wollten.« »Und ist ihnen das gelungen?« »Nun ja, sie leben jetzt länger, leiden weniger an Schmerzen, haben mehr Erlebnisse und haben mehr Dinge zu ihrer Verfügung.« »Du Trottel, das nennst du besser leben?«

Ich bin beleidigt. »Entschuldige, und was nennst denn du besser leben?« »Ich verbitte mir deine Arroganz. Antworte auf meine Frage.«

»Ich nenne ›besser leben‹ (mit einigen Vorbehalten), wenn man mehr lebt.« Er krümmt sich vor Lachen: »Du

Vater

hältst das Leben für Selbstzweck? Du fragst mich, wozu man lebt?« »Es gibt Leute, die das fragen, aber die Antworten sind so dürftig, daß ich mich schäme, sie dir zu erzählen.« »Nur Mut, liebes Söhnchen, leg los mit der Sache.« »Einige Leute sagen, daß wir zum Tod leben, die meisten glauben das, ohne es laut einzugestehen. Andere sagen, daß man für andere Leute leben solle, aber wenn man sie fragt, wozu diese anderen leben sollen, werden sie böse. Manche andere sagen, man lebe für seine Enkel, welche ihrerseits wieder für ihre Enkel leben. Manche sagen, man lebe, um in den Himmel zu kommen, aber du weißt wahrscheinlich besser als sie, wie es dort aussieht. Ich selbst glaube, man lebt, um so viel wie möglich zu lernen, zu genießen und mit anderen Leuten zu reden, aber das nennst du vertrottelt.«

»Vielleicht war ich ein wenig zu streng mit diesem deinem Lernen. Was hast du eigentlich gelernt?« »Ich will dir ein Beispiel geben: Ich weiß jetzt, daß die Welt viel größer und älter ist, als du glaubst, du mit deinen sechs Tagen.« Er wird zornig: »Schwafel nicht. Was heißt größer und älter?« »Ich kann dir gar nicht sagen, wie alt und wie groß sie ist, du würdest diese Größenordnungen nicht verstehen.« »Aber du selbst verstehst sie?« Ich stottere: »Ich auch nicht.« Er verschluckt sich vor Lachen: »Und so einen Blödsinn hast du gelernt?« »So blöd, wie du meinst, ist das nicht: Man kann einiges damit machen.« »Was zum Beispiel? Besseren Ziegenkäse?« »Mach dich nicht lustig über deine Kinder. Und verachte den Ziegenkäse nicht: du selbst hast dich mit Lot deswegen herumgestritten.« »Ich bin meinem Alter ein würdiges Verhalten schuldig, sonst hättest du eine sitzen. Red nicht über Lot und über Dinge, die du nicht verstehst, sondern erzähl mir, was ihr mit diesem Erlernten gemacht habt.« »Tatsächlich besseren Ziegenkäse, und auch solche Taxis wie das, welches dich hergebracht hat.« »Dieses lächerliche stinkende Wakkelzeug, das sich zwischen die Leute zwängt, um sie zu zerquetschen?« »Das Zeug hat auch eine andere Seite: es macht die Leute freier, sich schnell von einem Ort zu einem anderen zu begeben, zum Beispiel von Ur nach Ägypten.« (Das konnte ich mir nicht verbeißen.)

Er erhebt sich, streckt beide Arme aus und schreit: »Du glaubst, ich bin weg von Ur, um derart frei zu werden? Ich verfluche meinen Samen.« Ich stürze zu seinen Füßen und berge mein Haupt in seinem Schoße. »Lehre mich, Vater, wozu man lebt, lehre mich wahre Freiheit.« Sein Zorn ist in Lachen umgeschlagen. »Der Fluch hat also gewirkt. Das muß ich Ihm erzählen.« »Darf ich dir jetzt auch eine Frage stellen? Worüber lachst du?« »Du hast keinen Sinn für Humor, und Witze kann man nicht erklären.«

Er ist mir irgendwie aus den Augen gekommen. Seither beginne ich, mit dem Umlernen zu beginnen. Bevor ich tatsächlich damit begonnen haben werde, werde ich tot sein. Das Umlernen ist Sache der Zukunft – jener Zukunft, aus welcher der Vater herkam. Das nennt man wohl »Hoffnung«? Ein Wort, das ins Chaldäische mit »ab-ram« übersetzt werden könnte?

4

ROMY FINK

Das sogenannte »Kennenlernen« von Menschen ist bekanntlich ein Prozeß, den man besser als »Lernen des Nicht-kennen-könnens« bezeichnen sollte. Je tiefer ich in einen Menschen eindringe, desto mehr öffnen sich für mich die geheimnisvollen Abgründe, deren Oberfläche er darstellt. Allerdings verfehlt diese Schilderung vollständig das Wesentliche dieses Prozesses. Es ist ja nicht so, daß ich den anderen wie ein Problem »lösen« wollte, sondern weit eher so, daß er sich mir öffnet, weil ich mich ihm öffne. Das abgründig Geheimnisvolle des anderen ist die Folge jenes gegenseitigen Sogs, der eben »Dialog« genannt wird. Darum hat das Mysterium des anderen nichts mit der Problematik des Menschen zu schaffen. Der Mensch ist ein kolossal kompliziertes System für den Anthropologen, und darum problematisch. Aber dem Freund ist der Freund kein Problem, sondern ein unergründliches Geheimnis.

Diese allgemeine Bemerkung steht allerdings in einem seltsamen Widerspruch zu der Erfahrung, daß es Menschen gibt, die ein Geheimnis in sich bergen – sozusagen ein Geheimnis zweiten Grades. Dies ist vielleicht so zu verstehen: Der gähnende Abgrund, der sich dem Freund im Freund öffnet, ist das Geheimnisvolle. Aber manchmal stößt man in diesem Abgrund auf einen Widerstand, der nicht erlaubt, weiter in ihn zu tauchen. Und dieser Widerstand ist das Geheimnis im Geheimnis. Bleibt man bei diesem Bild, dann lassen sich zwei Arten von »Geheimnissen« unterscheiden. Bei der ersten Art ist der Widerstand ein Block, der ein Fortschreiten in den Abgrund des anderen verbietet. In diesem Fall ist der andere geheimnisvoll, weil etwas in ihm (und ihm) verborgen ist, das entweder nicht ans Licht kann oder nicht ans Licht darf. Im zweiten Fall ist der

Widerstand ein Nebel, der immer dichter wird, je tiefer man in den Abgrund des anderen eindringt. Es handelt sich also nicht eigentlich um einen Widerstand, sondern um eine Verdunkelung. Das Geheimnisvolle an einem solchen Menschen ist nicht, wie im ersten Fall, daß er etwas zu verbergen hat, sondern, im Gegenteil, daß er nichts zu verbergen hat und dabei doch immer undurchsichtiger wird, je mehr er sich öffnet. Man sieht sozusagen nie seine Tiefen, sondern immer besser die Unmöglichkeit, seine Tiefen zu sehen. Im ersten Fall läßt sich das Geheimnis lüften, zum Beispiel durch gegenseitiges hemmungsloses Vertrauen. (Oberflächlich ist ja das die Methode der Analyse.) Im zweiten Fall läßt sich das Geheimnis nie lüften, denn es ist das Wesen des anderen. Das ist der Fall der tatsächlich geheimnisvollen Menschen. Sie sind als Thema für Psychoanalysen und Kriminalromane nicht zu gebrauchen: es gibt für sie keine Schlüssel. Sie sind kein Rätsel: sie sind ein Geheimnis.

Aber auch das eben Gesagte ist eine Verallgemeinerung und trifft nicht den konkreten anderen. Wer nämlich die beiden oberen Absätze gelesen hat, könnte glauben, daß eine Aura des Mysteriums um die Gegenwart Romy Finks gelagert gewesen wäre, dieses meines geheimnisvollen Freundes. Nichts ist weiter von der Wahrheit entfernt. Er war ein typischer erfolgreicher Bürger und stand mit beiden Füßen fest auf jenem Boden, den die Bürger für die Wirklichkeit halten. Ich bin sogar verleitet zu sagen, daß er unter allen meinen Freunden der prosaischste war, in dem Sinn, daß er am wenigsten vom Zweifel an dieser Realität angefressen war. Vielleicht kann ich dem Leser das Geheimnisvolle an ihm am besten durch Aufzählen von Fakten übermitteln. Eine solche Methode entspricht auch Romys Mentalität am besten.

Er erschien in den fünfziger Jahren als englischer Jude in São Paulo, zu einer Zeit also, da englische Juden eigentlich nicht kamen. Er kam, so sagte man, als Rechtsberater eines Liverpooler Textilkonzerns. (Es stellte sich später heraus, daß diese Information richtig war und daß er ein bedeutender Londoner Advokat war.) Statt aber diese Arbeit zu machen, lebte Romy äußerst bescheiden und ernährte sich durch Englischstunden. Dabei stellt sich zur Überraschung seiner Schüler heraus, daß er ein hervorragender Shakespeare-Spezialist war. Er hatte an einer Interpretation des Macbeth gearbeitet, und auch seine Arbeit über Hamlet hatte in England einige Aufmerksamkeit gefunden. Dies führte dazu, daß er begann, Vorträge über Shakespeare zu halten und darüber Artikel in der Presse zu schreiben. Dabei kam zum Vorschein, daß er enge Beziehungen zum Theater hatte. Langsam, sozusagen Schritt für Schritt, kam heraus, daß er nicht nur an Theatern, sondern besonders in Balletts gearbeitet hatte. Er war einer der Direktoren des Balletts von Monte Carlo gewesen und hatte ziemlich eng mit Dhagileff zusammengearbeitet. Er hatte eine Theorie des Balletts geschrieben. In diesem Zusammenhang, und sozusagen gegen seinen Willen, wurde bekannt, daß er auch auf die Londoner Oper einen Einfluß ausgeübt hatte und »The Queen's Musician« war. Tatsächlich war er, wie sich zeigte, ein tiefer Kenner insbesondere Verdis.

Dies war aber nur eine der Linien, die sukzessive aus seiner Gegenwart in São Paulo strahlten. Durch seltsame Umstände kam heraus, daß er ein Kenner orientalischer Kunst war, daß er Studien über persische Kunst getrieben und daß er ein allgemein anerkanntes Buch über chinesische Keramik geschrieben hatte. Diese Seite seiner Tätigkeit kam dann, vielleicht zu seiner eigenen Überraschung, am meisten zur Geltung. Er begann als Kunstkritiker tätig zu werden und sich für brasilianische Malerei zu interessieren. Daraus entstand eine kleine Bildergalerie, die in wenigen Jahren zur bei weitem größten und entscheidendsten Bildergalerie Brasiliens wurde. Als er 1972 starb, hatte er eine Schlüsselstellung auf dem brasilianischen Kunstmarkt inne, baute Künstler auf und vernichtete sie nach seinen eigenen Kriterien und war dabei zu einem sehr reichen Menschen geworden.

Kurz nach seiner Ankunft in Brasilien wurde, wieder gegen seinen Willen, bekannt, daß er ein streng orthoxer Jude war und aus einer alten deutschen Rabbinerfamilie stammte. (Daher sein Vorname »Romy«.) Langsam wurde auch bekannt, daß er ein bedeutender Talmudist war. Es bildeten sich um ihn Kreise, die mit ihm den Talmud lasen. Leider habe ich diesen Lektüren nie beigewohnt, weil mir die dazu nötige Vorkenntnis fehlte. Doch habe ich in meinen Gesprächen mit ihm oft Probleme des Talmuds anschneiden dürfen. Im Zusammenhang damit kam heraus, daß er in der jüdischen Mystik, besonders dem Sohar, bewandert war, es aber systematisch ablehnte, darüber zu sprechen. Mir gegenüber jedoch gestand er mit lächelndem Widerwillen, an esoterischen Kreisen teilgenommen und dabei Erlebnisse gehabt zu haben, die auf sein Leben entscheidenden Einfluß gehabt hätten. Sie hatten anscheinend damit zu tun, daß er England verlassen hatte. Wie, das blieb ein Geheimnis.

Unabhängig davon kam heraus, daß Romy im Krieg eine Rolle gespielt haben mußte, die irgendwie mit Diamanten zu tun hatte. Diamantenschleiferei war der Beruf seiner Familie gewesen, und Romy muß diese Kenntnis wohl im Krieg für England ausgenützt haben. Dieser ganze Komplex jedoch blieb immer nur angedeutet. Hinzu kommt, daß er Kontakt mit Menschen hatte, die weder zu ihm selbst noch zueinander paßten: zum Beispiel mit international bekannten Sängern und Schauspielern, die ihn aufsuchten, wenn sie in São Paulo Gastspiele gaben; mit einem chinesischen Maler der konfuzianischen Schule, der nach Campinas geflüchtet war; mit unbekannten amerikanischen Rabbinern, mit internationalen Advokaten, mit einem amerikanischen Psychologen, mit obskuren bulgarischen Aristokraten usw. Wo immer man in seine Welt faßte, zerrann sie zwischen den Fingern. Dabei war er in die großbürgerliche brasilianische Gesellschaft eingebettet, die ja seine Kundschaft in den Galerien war und mit deren Hilfe er Kunstausstellungen in ganz Brasilien organisierte. Eigentlich aber fühlte er sich nur auf unserer Terrasse und mit unseren Freunden zu Hause.

Bei der Aufzählung dieser (und anderer) Tatsachen ist für das Verständnis von Romys Persönlichkeit eigentlich nur folgendes wichtig: Die verborgenen Zusammenhänge, die langsam ans Licht rückten, waren gegen seinen eigenen Willen bekannt geworden, obwohl doch scheinbar nicht das geringste Motiv bestand, sie verschweigen zu wollen. Allerdings ist auch verwirrend, wie diese Tätigkeiten sich chronologisch in ein Leben von sechzig Jahren einordnen konnten; und warum Romy São Paulo gewählt hatte, um dort seine letzten Aktivitäten zu entfalten. Das ist, oberflächlich gesehen, was ich mit Romys »Geheimnis« meinte.

Tiefer gesehen aber lag das Geheimnis Romys für mich auf einer ganz anderen Ebene, nämlich auf der des religiösen Lebens. Romy war ein orthodoxer, talmudischer Jude. Selbstredend hatte ich auch schon vorher solche Menschen kennengelernt: zum Beispiel Rabbiner, einen russischen Geschäftsmann und einige vom westlichen Standpunkt »primitive« Handwerker des jüdischen Viertels Bom Retiro. Aber es war immer ein äußeres Erlebnis geblieben. Die jüdische Religiosität war für mich immer in ihrem Wesen unreligiös, denn sie war nicht »theologisch«. »Assimilierter Jude« zu sein, heißt eben im Grunde, christlich religiös, also im Problem des Glaubens zu leben. Wenn man als assimilierter Jude vom Glauben abfällt, dann ist es ein Abfall vom christlichen Glauben. Es ist seltsam zuzugeben, aber es ist so: Die jüdische Religiosität war mir fremder als die indische und weit fremder als die Religiosität der brasilianischen »Macumba«. An dieser meiner »Assimilation« hat mein Kontakt mit Romy gerüttelt.

Aus dem unüberblickbaren Reichtum der Lehren, die mir Romy bot, will ich nur zwei Punkte herausheben, da sie auf mein künftiges Leben besonderen Einfluß hatten: das Ritual und die Ehrfurcht vor dem Nächsten. Allerdings werden diese beiden Aspekte des jüdischen Lebens nur in ihrem Kontext, dem konkreten

Dasein Romys, verständlich. Aber ich hoffe doch, daß ein Schimmer davon auch in der notwendig verkürzten Sicht, wie ich sie hier biete, bis zum Leser dringt und ihm Romy übermittelt.

Die Zusammenkünfte auf unserer Terrasse fanden Samstagnachmittag statt und zogen sich bis tief in die Nacht auf Sonntag hin. Es waren dabei einige von denen anwesend, über die ich hier* schon sprach, einige, über die noch zu sprechen sein wird, einige, die unerwähnt bleiben müssen, und dazu kamen Menschen von auswärts und eine Reihe junger Leute (meine Schüler). Romy kam oft als erster, und zwar kam er zu Fuß von seiner etwa fünf Kilometer entfernten Wohnung. Nach beendetem Samstag kam seine Frau mit dem Wagen, um ihn abzuholen. Das Essen, das gereicht wurde, berührte er nicht, es war nicht koscher. Das aber war nicht das echt Rituelle an diesem Vorgang, sondern die Zusammenkünfte bei uns waren selbst ein Sabbatritual für Romy. Auf diese Weise heiligte Romy den Tag. Um es christlich zu sagen (denn anders kann ich es nicht): sie waren seine Art, sich dem Transzendenten zu öffnen.

Ich habe darüber oft mit ihm gesprochen, um zu versuchen, dies zu verstehen, daß am Samstag nicht zu fahren und koscher zu essen nichts als Vorbedingungen sind, die Samstagsdialoge auf der Terrasse als Ritual, als Heiligung führen zu können. Die Gespräche waren lehrreich. Aber ihn zu beobachten, war eine bessere Methode, in den Geist des Judentums einzudringen: zu erleben, daß die zahllosen Gebote und Verbote nicht eine Begrenzung sind, sondern eine existentielle Befreiung zum sinnvollen, weil geheiligten Leben. Es strahlte eine Fröhlichkeit aus ihm, die gleichzeitig formal, übertrieben scheinende Höflichkeit und echte Herzlichkeit war. Es ist diese Mischung des Formalen und des existentiell Echten, die das Wesen des Rituals ausmacht.

Das also ist der Sabbat: den Sinn des Lebens über sich

---

*Das Porträt Romy Finks ist ein Kapitel von Vilém Flussers Autobiographie »Bodenlos«, Bensheim 1992.

und in sich konkret zu fühlen, und zwar im Zusammenleben mit anderen und in der Öffnung dem ganz Anderen gegenüber. Die Gemeinschaft ist bei der Sabbatfeier nicht Selbstzweck (die Freunde versammeln sich nicht auf der Terrasse, um einander zu sehen), sondern sie ist ein Feiern des Heiligen (sie kommen zusammen, um »Themen« zu besprechen). Aber eben weil sie feierlich ist, ist sie echte Gemeinschaft (eben weil sie Themen besprechen, sind die Zusammengekommenen, trotz der heftigsten Widersprüche, wirklich Freunde). Das bedeutet, daß »Politik«, ganz im Gegensatz zur griechischen Auffassung, für das Judentum nicht die Suche nach der idealen Gesellschaft ist, sondern die Suche nach Gott durch die Gesellschaft. (Und das wieder ist ein Aspekt des Messias, der durch den Sabbat hindurchscheint.)

Kurz, der Sinn des Lebens wird im feierlichen Zusammenleben ersichtlich, aber dieses feierliche Zusammenleben selbst ist von Regeln geordnet, die an sich vollkommen sinnlos erscheinen. Das ist das Wesen der jüdischen Riten. Wo nämlich eine Gesellschaft nicht von scheinbar sinnlosen Regeln geordnet ist, wo diese Regeln »vernünftig«, »effizient« oder »zweckhaft« sind, dort ist die Gesellschaft nicht feierlich, und das Leben in ihr ist sinnlos. Dies war für mich an Romy die wichtigste Entdeckung: daß die Riten an sich sinnlos sein müssen, um zu einer Feierlichkeit zu führen, in der sich der Sinn des Lebens ereignet. So sind die jüdischen Riten das direkte Gegenteil der heidnischen: da sie sinnlos sind, sind sie antimagisch. Und jeder Versuch, diese Riten »erklären« zu wollen (etwa sie »ethisch« machen zu wollen), ist heidnisch. Samstags nicht Auto zu fahren, ist sinnlos, und zu sagen, daß es gut für die Verdauung ist, ist heidnisch. Aber weil es sinnlos ist, heiligt es den Sabbat und öffnet mich der feierlichen Zusammenkunft auf der Terrasse. Zweifellos, nicht Auto zu fahren, ist ein »Opfer«. Aber nicht ein düsteres, heidnisches Opfer, bei dem etwas aufgegeben wird (Iphigenie), um etwas anderes zu erlangen (den Sieg über Troja), sondern es ist ein heiteres Opfer zum Ruhm des ganz Anderen. Auf diese Weise ist es mir gelungen, Abraham und Isaak jüdisch und nicht mit den Augen Kierkegaards zu sehen. Und so ist es mir auch gelungen, den Nicht-Zionismus Romys zu verstehen: eine nichtrituelle Gesellschaft wie Israel ist sinnlos, eben weil sie nach sinnvollen Regeln geordnet ist, und dabei nützt es gar nichts, daß Israel den Riten an gewissen Stellen »Platz macht«. Entweder nämlich ist das ganze Leben rituell (also durch Sinn geheiligt), oder es ist profan, und dann ist es geradezu Hohn, Ritual in ein solches Leben zu injizieren. Romy lebte ein feierliches Leben: er war Jude.

Dies wurde mir dank Romy klar, und nicht dank der anderen orthodoxen Juden, die ich kannte, weil Romy mein Freund war. Romy konnte mein Freund nur sein, weil er, wie ich, ganz in westlichen Werten lebte. Es war westliche Kunst, westliche Philosophie, westliche Wissenschaft, über die wir gemeinsam nachdachten und in der wir gemeinsam zu handeln versuchten. Romy war Engländer, und ich war, in diesem Sinn, »Deutscher«, und beide waren wir für Brasilien engagiert, obwohl jeder auf seine Weise. Die übrigen orthodoxen Juden, die ich kannte, standen am Rand meiner Welt, sie waren für mich exotisch, weil sie nicht in vollem Sinn Okzidentale waren. Auch das ist ein Aspekt des Geheimnisses an Romy: daß er ganz Jude und dabei ganz okzidental war. Gerade darin aber lag für mich die unlösbare Frage: Dank Romy konnte ich zwar das Judentum zum ersten Mal verstehen und erleben, aber ich konnte es nicht für mich akzeptieren. Ich konnte nämlich nicht umhin, das Ritual ständig zu interpretieren, zum Beispiel als »geste gratuit«, als absurde Handlung, weil ich nie aus dem philosophischen Denken herausspringen konnte, und das Judentum ist antiphilosophisch. Ich war nicht fähig, mein griechisches Erbe zu amputieren. So konnte ich das Judentum zwar bewundern und ihm mit einer Art Heimweh nachtrauern, aber einen Sinn für mein Leben konnte und kann es mir trotz Romy nicht geben. Ich habe Romy zwar verstanden (und vielleicht beneidet), aber ich habe mich nicht in ihm erkannt und konnte ihm nicht folgen.

Der zweite Aspekt des Judentums, den Romy mir vorlebte, war die Ehrfurcht vor dem anderen. Zu Anfang meiner Freundschaft zu ihm erschien mir sein Benehmen befremdlich, denn er war für meine Begriffe viel zu höflich, geradezu überschwenglich in seinem übertriebenem Lob für alle anderen. Das stieß mich ab, denn ich konnte nicht glauben, daß es ehrlich gemeint war. Später begann ich diese Einstellung zu begreifen, und noch später, während einer Talmud-Diskussion mit Romy, fand ich die Zusammenhänge. Es gibt für das Judentum, so legte er den Talmud aus, nur eine einzige nie wiedergutzumachende Sünde: die Beleidigung des anderen. Alle anderen Sünden lassen sich kompensieren, diese aber nie, denn sie trifft das irrekuperable Wesen des anderen. Und der andere ist die einzige Art, wie ich Gott konkret erlebe. Gott ist im anderen. Wenn ich den anderen beleidige, habe ich Gott beleidigt. Und wenn ich den anderen ehre, so ist das Gottesdienst, und zwar der einzige Gottesdienst, der nicht in Heidentum mündet. Ob ich an Gott glaube oder nicht, ist vollkommen gleichgültig, und wie ich an ihn glaube, ist womöglich noch gleichgültiger: Ich diene ihm, wenn ich den anderen ehre. »Liebe Deinen Gott über alle Dinge«, dieses oberste Gebot des Judentums ist synonym mit »Liebe deinen Nächsten«.

Das alles war für mich überzeugend, solange es theoretisch gesagt blieb. Aber es begann mich abzustoßen, sobald es in die Praxis übertragen wurde. Denn was bedeutet »beleidigen«, wenn nicht »herabsetzen vor den anderen«? Es handelt sich dabei immer um die Maske (die »persona«) des anderen. Es sieht im anderen nur die Person, nicht, was hinter ihr vielschichtig sich aufbaut. Also ist die jüdische Praxis eine Gesellschaftspraxis, und das Judentum ist ja nichts als Praxis. Dieses Soziale aber kam mir unreligiös vor. Das Christentum erlebt Gott vor allem in der Einsamkeit, als das große Du, vor dem ich allein bin. Das ist mein Gotteserlebnis. Für das

Judentum ist Gott im anderen. Das war nicht mein Gotteserlebnis. Ich weiß zwar, daß ich dadurch im jüdischen Sinn von Gott abgefallen bin, und ich habe ein Gewissen, welches dies deutlich ausspricht. Dies Gewissen sagt mir, daß alles außer Engagement am anderen (dem politischen Engagement im jüdischen Sinn) reine Hypokrisie ist. Und doch kann ich das einsame Erlebnis als wahres religiöses Erlebnis nicht leugnen. Ich bin im Wesen nicht jüdisch.

Bei alldem ist mir klar, wie eng das Judentum und das Christentum verbunden sind und wie sie ineinanderfließen. Ich weiß, daß es auch im Judentum eine innige Frömmigkeit gibt und daß auch dem Christentum das politische Engagement als Gottesdienst nicht fremd ist. Aber es besteht ein Unterschied im Akzent, und dieser Unterschied ist entscheidend. Dies hat mir Romy talmudistisch erklärt, und er hat es mir vorgelebt, doch ich konnte die jüdische Variante des Judenchristentums nicht akzeptieren. Dies ist vielleicht der tiefste Grund, warum ich mein Engagement an Brasilien unterbrechen mußte: weil es für mich, trotz aller Gewissensbisse, nicht der richtige Gottesdienst war. Ich mußte in die Einsamkeit, um mich zu finden. Nietzsche gegen Buber.

Romy ist bei einem Besuch seines Vaters in New York plötzlich gestorben. Das war ein ganz anderer Tod als die drei anderen, die ich beschrieben habe. Bei Romy war der Tod ein selbstverständlicher Teil des Lebens. Sein Leben war immer vollendet, denn er führte ein feierliches, ein heiteres Leben. Der Tod hatte bei ihm keinen Stachel. Er gehörte zum Leben. Rilke sagt: »Gib jedem seinen eigenen Tod«, und Romy wurde der eigene Tod gegeben. So wie er starb, so sollte man sterben. Aber um das zu können, muß man so wie er leben können.

BRIEF AN DAVID FLUSSER

Merano, March 14, 73
Lieber Gusta,
danke für deinen Brief vom 1. 3. Ich habe vorgezogen, angesichts der Nebulosität deiner Loewener Adresse, der weiten Reise, des nur relativen Interesses an flämischer Kunst (...) und meiner Arbeit an einem kürzlich zu erscheinenden Buch, auf eine Begegnung mit dir mit Bedauern zu verzichten ... Wollen wir es also schriftlich versuchen? Einer Reise nach Israel steht nämlich meine Ambivalenz gegenüber dem Judenstaat entgegen: ich kann nicht als Tourist kommen, und fürchte, wenn ich anders komme, mich entweder für oder gegen zu engagieren. (Du weißt, daß ich, im Gegensatz zu dir, als Junge Zionist war, weißt aber vielleicht nicht, daß mein Zionismus zusammenbrach, als mich die Katastrophe von 1939 in eine existentielle Grenzsituation warf.) Wollen wir unserer beider Stellung zum Judentum als Ausgangspunkt unserer Responsenliteratur nehmen?

Jahrzehnte hindurch habe ich das Judenproblem verdrängt, und zwar sowohl aus äußeren Gründen (in Brasilien standen und stehen ganz anders geartete Probleme im Vordergrund) als auch aus inneren (die emotionelle und intellektuelle Erfahrung der Bodenlosigkeit führte mich auf Umwegen über Wittgenstein und Heidegger, und über den Orient, eher in die Nähe der katholischen Mystik). Dies hat sich in den letzten Jahrzehnten geändert. Die rituale Handlung (vielleicht: Mizwa?), die mir im Zentrum des Judentums zu stehen scheint, erscheint mir jetzt als »acte gratuit«, als absichtslose Geste, als Ausdruck des absurden Daseins, und darum als im kierkegaardschen Sinn die wahre Form des religiösen Lebens. Der jüdische Ritus zeigt sich mir als das Gegenteil von Magie (nämlich als antipragmatisch), und darum als eine mögliche Antwort auf die Ethik des Massenkonsums einerseits, und die Ethik der Effizienz des Apparats auf der andern. Er zeigt sich mir als spielerische Geste, falls man unter »Spiel« etwas Sakrales versteht (etwa wie Nietzsche) und den »homo ludens« als eine mögliche Zukunft des Menschen ansieht.

Diese meine neue Einstellung zum jüdischen Ritual erlaubt mir zwar, in ihm die Wurzeln einer jeden »reinen« Handlung zu sehen (im kantischen Gegensatz zu »praktisch«) und auch, mich in der Kunstkritik um eine »rituale Ästhetik« zu bemühen. (Darüber vielleicht ein andermal.) Aber sie erlaubt mir natürlich nicht, orthodoxer Jude zu werden. Erstens, weil mir dazu der Glaube fehlt (im Sinn von »fides«, aber vielleicht auch im Sinn von »gratia«), und zweitens, weil mir die Praxis der Orthodoxie fehlt und weil sie mich, offen gesagt, abstößt. Außerdem erlebe ich in dieser Sache etwas, was viele Katholiken der Kirche gegenüber erleben: enttäuschte Liebe. Wenn nämlich mein Verständnis des Judentums richtig ist, dann heißt Jude sein: für den anderen dasein. (Die Liebe zu Gott geht über den Nächsten, der Ritus ist Öffnung zum Nächsten, weil zur Transzendenz usw.) Aber die Wirklichkeit des Judentums (und nicht zum wenigsten des Judenstaats, der ja vom Judentum nur schwer zu trennen ist) erscheint mir eher als Verschlossenheit und Selbstbehauptung, historisch (und jetzt auch geographisch) völlig erklärlich und zum Teil wahrscheinlich berechtigt, aber das Problem ist ja gerade, daß historische und geographische Koordinaten, weil sie immanent, also »praktisch« sind, das Wesen des Judentums als ritualen Daseins leugnen. Mit anderen Worten: die jüdische Wirklichkeit widerspricht diametral dem Bild, das ich mir vom Judentum mache.

Selbstredend läßt sich antworten, daß hier eine dialektische Spannung besteht, daß die rituale These eine politische Antithese herausfordert und daß ein irdisches Jerusalem (etwa im Sinne Agnons) eine mögliche Synthese dieser Spannung darstellt. Man kann dann den Ju-

Brief an David Flusser

denstaat (und die jüdische Orthodoxie) als Prozesse in Richtung dieser Synthese lesen. Aber solche talmudisierenden Turnübungen des Intellekts führen nicht zu einer existentiellen Entscheidung für oder wider. Das ist der Grund, warum ich mich fürchte, nach Israel zu fahren. Man kann nicht Tourist dort sein, wo das irdische Jerusalem (oder zumindest Gerusalemme liberata) stehen sollte.

Vielleicht antwortest du auf diese Fragen, (denn das sind sie)... Sei du und deine Frau von der Edith und mir auf das herzlichste begrüßt.

6

DIE ENTTÄUSCHUNG

Rehovot, 8. 5. 80

PLATON SCHÄTZT das kontemplative Leben höher als das aktive, weil er der Meinung ist, daß in der Kontemplation der Ideen die Weisheit liegt und nicht in ihrer Anwendung. Wer versucht, Ideen in der Natur anzuwenden (z. B. ein Dreieck in den Sand zu zeichnen), wird feststellen, daß die angewandten Ideen entstellt wurden (die Winkelsumme nicht mehr genau 180 Grad ausmacht). Das gezeichnete Dreieck, dieses Kunstwerk, das das Resultat menschlicher Arbeit ist, die darauf hinzielt, die Natur zu verändern, wird weder Weisheit noch Glück bringen, sondern nur falsche Meinungen, »doxai«. Das aufgezeichnete Dreieck wird zweifellos den Sand ändern, ihn »informieren«.

Diese platonische Lehre hat in der Philosophiestunde nichts Melancholisches an sich, man darf nur nicht vergessen, daß jede Theorie in der Praxis entstellt wird. Wenn wir uns diese platonische Idee in Israel ins Gedächtnis rufen, dann verzweifeln wir an der Unmöglichkeit, Ideen in der Praxis durchzuführen. Wir verzweifeln auch an der Opferwilligkeit, mit der Juden Ideen verwirklichen möchten. Das Dreieck, das Juden aus der ganzen Welt, mit großem Leiden und Heroismus, mit großer Hoffnung, in den Sand von Palästina gezeichnet haben, hat zweifellos grundsätzlich den Boden verändert. Seine Winkelsumme hat aber keine 180 Grad, und dieses wirkliche Malheur wird von nah und fern beobachtet. Was man in Israel bemerkt, wenn man die platonische Idee im Kopf hat, ist der Schiffbruch des mit großem Aufwand angewandten Idealismus und die Kleinlichkeit der theoretischen, nicht engagierten Kritik. Ich kann mir kein trostloseres Schauspiel vorstellen.

Die Enttäuschung

Dieses Schauspiel ist relativ neu. Die Mehrzahl der Erbauer des Staates Israel glaubten, bis zum Sechstagekrieg im Jahr 1967, wenigstens in groben Zügen das Modell einer gerechten, humanen Gesellschaft realisieren zu können. Aus der Entfernung applaudierte dazu die Mehrzahl des interessierten Publikums. Später haben verschiedene Faktoren die Szene geändert. Mit der Besetzung der eroberten Gebiete wurde den Erbauern des neuen Staates die Gebrechlichkeit des moralischen Fundaments ihres Unternehmens bewußt. Als erpresserische Waffe hat das Öl das Publikum davon zurückgehalten, weiterhin zu applaudieren. Das schlechte Gewissen, das das Publikum den Juden gegenüber hatte, hat in den Ausschreitungen des jüdischen Staates das Ventil für die gerechte Empörung gefunden. Diejenigen, die das Land aufbauen wollten, haben begonnen, zu sich selbst das Vertrauen und zugleich die moralische Unterstützung des Publikums zu verlieren. Es führte nicht zum Defätismus: Ich glaube, daß die Israelis weiter bereit sind, ihr Leben zu opfern, ganz selbstverständlich, ohne eine große Geste von Patriotismus. Meiner Meinung nach handelt es sich um kein Opfer zugunsten irgendeines Ideals, sondern um Selbstverteidigung. Ein Opfer von enttäuschten Menschen.

Die trostlose Szene des Todes von Idealen ist relativ neu. Sollte die platonische Ansicht richtig sein, dann liegt die Niederlage der zionistischen Idee in ihrer Anwendung, Palästina am Ende des letzten Jahrhunderts zu kolonisieren. Folgt man Plato, müßten bereits jene, die aus den eisigen russischen und polnischen Dörfern in die heiße Wüste eines verlorenen Winkels des ottomanischen Imperiums auswanderten, nachdem sie in den Talmudschulen oder durch die verbotene marxistische Literatur Gerechtigkeit und Nächstenliebe gelernt hatten, ihre Ideen »verraten« haben. Tatsächlich fehlt es nicht an jenen, die so denken. Die orthodoxen Ultra-Fundamentalisten, die in Mea Shearim*, wie Mujiks im

---

*geschlossenes orthodoxes Stadtviertel von Jerusalem

18. Jahrhundert angezogen, auf am Sabbat fahrende Autos Steine werfen, verneinen den jüdischen Staat, weil sie, ähnlich wie Plato, behaupten, daß das Judentum kontempliert werden muß und nicht angewandt werden darf. Die orthodoxen Marxisten, ebensolche Ultra-Fundamentalisten, wie es die Fanatiker in Mea Shearim sind, welche aber nicht in Jerusalem leben, sondern im Parlament und auf Universitäten der kapitalistischen und sozialistischen Staaten, behaupten gleichfalls, daß ohne vorhergehenden Klassenkampf der Sozialismus nicht zu verwirklichen ist.

Die fundamentalistischen Einwände, von rechts oder von links, gegen den Zionismus erfassen indessen nicht das platonische Problem. Das Problem ist dialektisch, schließt die Beziehung zwischen Idee und Wirklichkeit ein. Die Tragödie des Zionismus, wie sie sich heute zeigt, liegt im Keim im Widerspruch zwischen der Idee, die angewandt wurde, und der Wirklichkeit, die verändert wird. Es gab zu Anfang wenigstens zwei einander widerprechende, aber ineinandergreifende Ideen: die religiöse und die marxistische. Es gab zwei soziale Wirklichkeiten, die hätten geändert werden sollen: diejenige der in der Welt verstreuten Juden und diejenige der von den Türken unterworfenen Araber, die auf dem Land lebten. Als ob ein Zeichner zur gleichen Zeit ein Dreieck und einen Kreis in Sand und in Stein zeichnen wollte. Als ob der Zionismus ein übertriebenes Beispiel für die Theorie und gegen die Praxis wäre.

Eben weil er auf etwas Unmögliches mit der allergrößten Hingabe zielt, ist der Zionismus tragisch. Bevor ich mit meinen eigenen Augen das Experiment gesehen habe, konnte ich nie verstehen, warum sich die Menschheit vor einem so großartigen Schauspiel nicht mit Bewunderung verbeugt. Von Kosakenhorden verfolgt, von fortgeschrittener nazistischer Technologie erstickt, von islamischen Fanatikern hingemordet, versammeln sich die Reste der dekadenten, erschöpften Gemeinschaft, nicht um Zuflucht zu suchen und in Frieden zu sterben, sondern um ein Modell für eine zukünftige Ge-

Die Enttäuschung

sellschaft aufzubauen. Nicht für sich selbst, sondern für die anderen werden sie zu Pionieren – vor dem feindlichen Blick der etablierten weltlichen und religiösen Mächte. Es ist tatsächlich unglaublich, daß sie es fast schaffen. Warum also hält die ganze Menschheit, die diesem spannenden Drama zusieht, nicht den Atem an? Warum erniedrigt sie sich durch kleinliche, größtenteils impertinente Kommentare? Jetzt, wo ich anwesend bin, verstehe ich ihre Einstellung. Die Tragödie ist ein widerwärtiges Schauspiel, das illustriert, daß jedes Engagement für Ideen unvernünftig und vergeblich ist. Würden wir Prometheus am Kaukasus zusehen, würden wir seine Leber sehen und sie kritisieren. Das gestohlene Feuer hätten wir, wie im Fall von Israel, längst vergessen.

7
EINE FRAGE VON MODELLEN

Im Haus meines Cousins David Flusser, Historiker des Frühchristentums an der hebräischen Universität in Jerusalem, folgte dem Shawuot* eine Diskussion über die Dynamik des Judentums. Der Last des Chamsin** folgte das bleiche, transparente Licht, in das Jerusalem getaucht war und das vom griechischen Wort »Hierophanie« (das Durchschimmern des Heiligen) erfaßt wird. Wir hatten uns im Garten versammelt, um die letzten Strahlen zu genießen. Unter uns gab es Akademiker, Theologen und Politiker. Meine Frau und ich waren die einzigen Vertreter der Diaspora. Bei dieser Gelegenheit hat sich David Flusser, auf beinahe rituelle Weise, auf die Lehren des Ioshua ben Iossef Rabenu (Jesus, Sohn des Joseph, unseren Meister) berufen.

Das existentielle Klima ist in Jerusalem (in ganz Israel) dramatisch religiös: in einem ganz spefizischen, mit dem Handeln verbundenen Sinn religiös. Ganz schematisch kann gesagt werden, daß es drei religiöse Haltungen im Juden-Christentum gibt; die der Tat, des »Werkes« (das Judentum), die der Tat und des Glaubens, »opera et fides« (der Katholizismus) und die des Glaubens, »sola fide« (der Protestantismus). Das Klima in Jerusalem, in ganz Israel, ist, so gesehen, jüdisch religiös. Es ist eine Gesellschaft, die dem Akt des »Opferns« gewidmet ist, und sogar diejenigen, die ihren religiösen Glauben (den jüdischen oder marxistischen) verloren haben, sind zu Opfern bereit: sie würden ihr eigenes Leben und das ihrer Kinder zugunsten von Israel, das in letzter Analyse die Bejahung Gottes ist, aufopfern. Es gibt diejenigen, die an diese Aufgabe glauben, andere

---

* Fest der Erstlingsfrüchte, 50 Tage nach Pessach
** einWüstenwind

Eine Frage von Modellen

bezweifeln sie, und es gibt die, die die Hoffnung verloren haben; praktisch alle sind aber zum Opfer bereit: sie leben religiös. Wenn wir »Drama« mit »Handeln« übersetzen, dann ist das Klima dramatisch. Die Israelis sind »Aktoren« im Sinn von »dramatis personae«. Bei der Schilderung der Diskussion, die ich wiedergeben will, muß man sich dieses Klima vorstellen.

Die Diskussion drehte sich um Agonie, den offenen Todeskampf. Es gab Protagonisten, die für das sich selbst bejahende Judentum kämpften. Und es gab Antagonisten, die sich für ein weltoffenes Judentum einsetzten. Mein Standpunkt war der eines Antagonisten. Ich habe ein pulsierendes Judentum vorgeschlagen, habe unser Herz als Modell genommen: die Phasen der Systole, in denen sich das Judentum auf sich selbst zurückzieht, und die Phasen der Diastole, in denen sich das Judentum über die Menschheit ergießt. Als Beispiel für die Systole habe ich den Auszug aus Ägypten, die Makabäer und die Zionisten gewählt. Ich habe zugegeben, daß die Diastole nur möglich ist als Folge einer vorangehenden Systole, die ihrerseits auf eine Diastole hinzielt. Ich habe auf die bekannte hegelsche These vom unglücklichen Bewußtsein verwiesen: »Wenn wir die Welt gewinnen, verlieren wir uns, und wenn wir uns finden, verlieren wir die Welt.« Die anwesenden Protagonisten haben meine Position vehement bekämpft, die im israelischen Kontext tatsächlich den Beigeschmack von Verrat hat. David Flusser hat bei dieser Gelegenheit, auf seine Weise, an die Figur von Christus erinnert.

Der verlorene Bericht
Wer die von David Flusser geschriebene Biographie von Jesus gelesen hat, wird die Bedeutung des vorangegangenen Satzes verstehen: Jesus als zentrale Figur in der Geschichte des Judentums und »ipso facto« in der Geschichte der ganzen Menschheit, da die jüdische Tradition der ganzen Menschheit das historische Bewußtsein vermacht hat. Jesus ist nach Moses die zweite Revolution im geschichtlichen Bewußtsein, weil er die Bedeu-

tung der menschlichen Existenz in jüdischen und zugleich universellen Begriffen ausdrückt. Gewiß kann Jesus nur von demjenigen verstanden werden und nur der kann ihm folgen, der die konkrete historische Situation richtig erfaßt hat: z. B. den talmudischen Kontext, innerhalb dessen er handelt, und den Kontext, in welchem der jüdische Krieg gegen die Römer vorbereitet wird. Trotzdem geht seine Botschaft über die Geschichte hinaus: er weist auf die existentielle Bedeutung hin, die die Umstände übersteigt.

Wollen wir ihm folgen und ihn nachahmen, ist es demnach notwendig, reicht aber noch nicht aus, über die christliche Tradition auf die historische Figur von Jesus zurückzugehen. Schleier um Schleier verdeckt die christliche Tradition eher die Figur von Jesus, als daß sie sie enthüllt: Die mittelalterliche Philosophie verdeckt die Kirchenväter, diese verdecken den Hl. Paulus, letzterer verdeckt die verschiedenen Evangelien, diese verdecken das »originale« Evangelium und dieses wiederum verdeckt den Meister. Die Schuld an den einander überlagernden Verdeckungen trägt zum Teil die Vergessenheit, wie sie einer lang zurückliegenden Vergangenheit eigentümlich ist, und zum anderen Teil die bewußte Unterdrückung der jüdischen Dimension von Jesus durch die christlichen Autoren, die daran interessiert sind, sich vom Judentum, das die Römische Kirche verneint, zu distanzieren. Diese antisemitische, infolgedessen selbstmörderische Tendenz des christlichen Denkens gibt es sogar in den Evangelien selbst, die ihr Augenmerk eher auf die Griechen und Römer richten als auf die Juden. Deshalb ist auch der Protestantismus unbefriedigend, der mit der Rückkehr zu den Quellen nach der Figur von Jesus sucht, aber über die Evangelien nicht hinausgeht. Daher die Nachforschungen von David Flusser, die darauf abzielen, das Evangelium des Hl. Markus kritisch zu lesen, um den originalen, verlorenen Bericht wiederherzustellen.

Derjenige, der Jesus nachfolgen will (imitatio Christi), muß selbstverständlich wissen, wer Jesus war. Der

Eine Frage von Modellen
---

römische Zenturion, der beim Anblick von Jesus, ohne von dessen Lehre etwas zu kennen, ausrief, »dieser Mensch ist Gott«, kann nicht als Nachfolger Christi angesehen werden. Auch historische Kenntnis, in dem Maße, wie sie verfügbar ist, reicht nicht aus. Es ist nötig, die ganze Bürde des Judentums, die auf Jesus lastet und die er auf eine neue Art formuliert, zu begreifen: um Jesus folgen zu können, muß man Jude sein. Das ist für die Nicht-Juden das Paradox und der Skandal des Christentums: Wer Christ sein will, muß zuerst Jude werden. Obwohl diese Tatsache von der christlichen Tradition verhüllt ist, schimmert sie doch durch.

Jesus ist ein systolischer und zugleich diastolischer Jude (um es mit den von mir vorgeschlagenen Worten zu sagen). Systolisch, weil er die ganze jüdische Botschaft auf sich nimmt und weil er »nur für die Juden gekommen ist«. Und zugleich diastolisch, weil er sich in seiner Botschaft an die ganze Menschheit wendet und auf sie Einfluß nimmt. In der Tat ist Jesus, in seinen Worten wie in seinen Taten, ein vollständiges Modell des Judentums, für die Juden und ebenso für die ganze übrige Menschheit. Wer ihn im Leben nachahmen will, muß danach trachten, radikal und vollständig jüdisch zu leben. Man kann behaupten, daß Modelle einer anderen ontologischen Ebene als der konkreten menschlichen Wirklichkeit angehören. Das Modell der Nachfolge von Jesus hingegen transzendiert die konkrete menschliche Ebene.

Unerträgliche Modelle

Obwohl dies meine eigene Interpretation der Figur von Jesus ist, und nicht die von David Flusser, glaube ich, daß sie organisch seiner Berufung auf Jesus während der Diskussion, die ich beschrieben habe, folgt. Die Kenntnis dieses so reichen, schwierigen und heute so wichtigen epistemologischen und politischen Modells, die Berufung auf Ioshua ben Iossef Rabenu, konnte das Gespräch, das folgte, nicht unberührt lassen. Es wurde schon nahegelegt, daß »Jude sein« im Grunde bedeutet,

Modelle vorzuschlagen: die jüdische Familie als Modell für Familie, der jüdische Staat als Modell für Staat, der Kibbuz als Modell für Gemeinschaft, um »systolische, der Marxismus als Modell für Revolution, Schönbergs System als Modell musikalischer Komposition, Husserls Phänomenologie als Modell wissenschaftlicher Forschung, um dyastolische Belege für die These anzuführen. Ich habe vorgeschlagen, als Ursache für den Antisemitismus anzusehen, daß die Modelle, seien sie gut oder schlecht, umfassend oder beschränkt, konsistent oder inkonsistent, grundsätzlich unerträglich sind, weil sie sich der konkreten Wirklichkeit imperativisch aufdrängen. Für diejenigen, die mit beiden Füßen auf dem Boden der Tatsachen stehen, seien die Juden, die nach Modellen (Mizwot*) leben, unerträglich.

Das Gespräch führte zum Zionismus und zum jüdischen Staat. So gesehen ist der Zionismus ambivalent: einerseits versucht er die Juden von dem Modell, eine Mission zu haben, zu befreien, indem er sie zu einem Volk macht wie jedes andere auch, und andererseits schlägt er das Modell des vorbildlichen jüdischen Lebens vor. Sogar die glühenden Verteidiger des Überlebens des Staates Israel »unter allen Umständen« haben zugegeben, daß irgendein levantinischer Staat, wie Syrien zum Beispiel, kein der Nachahmung würdiges Ziel ist. Meiner Ansicht nach ist das die Erklärung der Tatsache, daß das israelische Drama eine Tragödie im wahren Sinn des Wortes ist: Sollte ihm Erfolg beschieden sein, ist es erst recht zur Niederlage verurteilt. Israel ist ein heroischer Akt gegen das »Schicksal«, denn jeder jüdische Staat, in einen historischen und geographischen Kontext integriert, muß notwendigerweise ein Staat unter allen anderen werden und wird ipso facto kein Modellstaat sein.

Die Anwesenden waren mit mir nicht einverstanden,

---

*Plural von Mizwa (hebr. »Gebot«): ursprüngliche Bezeichnung für die Gesamtheit der religiösen Ge- und Verbote des Judentums.

Eine Frage von Modellen

doch schienen mir ihre Argumente nicht treffend. Aus Angst, sie zu verfälschen, werde ich sie nicht wiedergeben. Die Position meines Cousins, David Flusser, war nuancierter als meine eigene und die der anderen Teilnehmer. Ihm liegt daran, Jesus zu folgen und zu versuchen, ein erfülltes jüdisches Leben hic et nunc zu führen, ein Leben, das mit seinen Riten und seinem dramatischen Klima gleichzeitig im Judentum und im aktuellen Strom der Philosophie, der Wissenschaft und Kunst integriert ist. Sollte es der jüdischen Gesellschaft gelingen, ein solches, fast unmögliches Leben zu erreichen, wäre das Problem der Zukunft des Staates in der Praxis gelöst. Die modellhafte Praxis (die »Frucht« von Jesus) ist allen Theorien, die unsere griechische Erbschaft sind, überlegen. Die Zukunft des jüdischen Staates mit allen seinen unlösbaren Problemen wie dem Zusammenleben mit den Arabern, einer Wirtschaft, die immer mit Kriegen rechnen muß und der Lage im Kreuzpunkt zwischen den Großmächten wird in dem Maße einer Lösung nähergeführt, wie es den Juden in Israel und anderswo gelingt, in der Praxis jüdisch zu leben.

Der Standpunkt von David Flusser (sollte es mir gelungen sein, ihn treu wiederzugeben) ist streng religiös. Es ist der Standpunkt des Juden-Christentums. Er selbst definiert ihn, in seiner gewohnten Ironie, als »vor-emanzipatorischen Zionismus«. Wie auch immer: Israel im jetzigen Kontext besucht und David Flusser als Führer und Gesprächspartner gehabt zu haben, war eine Art Gnade. Man wird aufgefordert, sein eigenes Leben neu zu bedenken und neu zu werten: das Judentum unter neuen Koordinaten zu suchen.

8

BRIEF AN DAVID FLUSSER

4/2/90

LIEBER GUSTO UND FAMILIE,
ich habe deine lieben Briefe vom 7/10 und 19/11 nicht beantwortet, weil ich von einer Asthma-Attacke niedergeschlagen wurde. Ich verbrachte vier Tage im Koma im Avignoner Spital, dann noch drei Wochen dort, und vier Wochen im Zauberberg in Davos, und erst seit etwa zwei Wochen sind wir wieder zu Hause. Darum will ich diesmal auf deine Briefe nicht eingehen (außer dir zum Ehrendoktor zu gratulieren), sondern ich will dir von meinem Erlebnis erzählen. Und zwar zwei Aspekte: das Erlebnis des Nichts, und das des Wieder-zu-sich-Kommens. Man würde meinen, das Nichts sei unerlebbar, aber es geht um ein schwarzes Loch, in dessen Peripherie sich einiges abspielt. In meinem Fall dieses: eine riesige Avenue, genannt »avenida de Cortez«, mit achtstöckigen Häusern des Art nouveau, deren Fenster zerbrochen sind und deren Fassaden zerbröckeln. Die Häuser sind voller brüllender Menschen. In der Mitte der Avenue stehn Palmen, die bis zur Hälfte weiß getüncht sind, und diese Palmen sind voller zerrissener Papiere und Unrat. Kleine ratternde Autos füllen die Straße und stinken. Überall gibt es zerlumpte Männer, Frauen und Kinder in Strohhüten, und sie hocken. Die Avenue mündet in einen riesigen Platz, dort steht die Statue eines Pferdes, und er heißt »Plaza del caballo«. Ich war nie in Mexiko, habe nachgesehn, und es schaut dort nicht so aus, wie ich es gesehen habe. Das ist eine andere Erfahrung als die des Königs David: »Wenn ich durch das Tal des Schattens und des Todes schreite usw.«

Zuerst hörte ich Dinahs Stimme, und ich sagte »c'est ma fille de Washington«, aber es war niemand. Dann spürte ich Ediths Gegenwart wie einen Ruf zurückzu-

Brief an David Flusser

kommen, und ich war glücklich. Und dann kam ich tatsächlich zu mir in den Armen Mischas (den ihr nicht kennt), und er war tatsächlich aus São Paulo zu uns gekommen.[1] Angeblich habe ich gesagt, bevor ich ins Loch fiel, »ich muß schreiben, il faut écrire«, aber daran kann ich mich nicht erinnern. Tagelang versuchte ich, wieder zu fühlen, warum man auf der Welt ist, warum man schreibt, liest, Musik hört, reist, mit Leuten redet. Der Arzt sagte zu mir: »Prag ist befreit«, bevor ich etwas anderes hörte. Ich konnte es nicht fassen, aber stellte mir vor, daß die Leute auf dem Wenzelsplatz »proč bychom se netěšili«[2] singen. In der ersten Nacht, neben der Edith, erinnern wir uns an tschechische Sachen, zum Beispiel an Božena Němcová[3], an »Motke a Rezy«, an »byl pozdní večer první máj«[4], also an längst vergessen geglaubte Sachen. Daß Prag zur gleichen Zeit wie ich aus dem Loch tauchte, also in mir etwa »čtyřnohým dupotem tepe podkova kopyti půdu« (du weißt »quadrupedante putrem sonitu quatit ungula campum«)[5], das ist für mich noch immer schwer zu verdauen. Als erste Reaktion beschloß ich, ein Essay über Prager Juden zu schreiben, zu nennen »Mohikaner«. Aber es ist schwerer als es aussieht, weil ich von Prag zu wenig weiß, und vom Judentum noch weniger, obwohl mir beides im Blut steckt. Mein Programm war »Golem-Kafka-Auschwitz-Slánský«, und vielleicht könnte man es auch »bis ins dritte oder vierte Geschlecht jener die mich hassen« nennen.[6] Aber jetzt stürzt sich die Welt wieder auf mich (zum Beispiel Ostberlin am 24/2), und so komme ich nicht einmal dazu, die Sache durchzudenken …

---

[1] Dinah: die Tochter, Mischa: der ältere der beiden Söhne Vilém Flussers, Edith: seine Frau.
[2] »Warum sollten wir uns nicht freuen« – aus »Die verkaufte Braut von Friedrich Smetana
[3] Božena Němcová (1820–1962): tschechische Schriftstellerin, die mit ihren Bildern aus dem Landleben »Die Großmutter« das klassische Werk der tschechischen Literatur des 19. Jahrhunderts schuf.

4 »Es war ein später Abend des 1. Mai«; Beginn eines Gedichts von Ivan Olbracht (1882–1952).
5 »mit dem Getrampel von vier Beinen das Hufeisen gegen den Boden schlug« – aus den »Metamorphosen des Ovid.
6 Eine Skizze zu diesem Plan wurde unter dem Titel »Bis ins dritte und vierte Geschlecht« in »Bodenlos« veröffentlicht.

9

KANN MAN SEIN EIGENES JUDENTUM ÜBERHOLEN?

Ein Denkzettel

Für Hans-Joachim Lenger
WENN MAN IM TV israelische Rabbiner sieht, hat man Lust, sein Judentum weit hinter sich zu lassen. Allerdings, wenn man die vorangehende TV-Werbung sieht, dann hat man Lust, das ganze Menschsein ebenso hinter sich zu bringen. Aber was wird aus einem, wenn man das Menschsein abstreift? Die gleiche Frage, etwas weniger scharf, stellt sich bei der Judenabstreifung. Wenn sich Insekten häuten (etwa ihr Puppe-sein abstreifen und weit hinter sich lassen), dann können sie von der Schwerkraft plattgedrückt werden. (Das ist der Grund, warum Insekten klein sind.) Überstehen sie die amorphe schleimige Weichheit, dann allerdings können sie zu Schmetterlingen oder Mistkäfern werden. Es gibt jedoch keinerlei Grund zur Annahme, daß die amorphe Schleimigkeit nach Abstreifen des Judentums auch nur mistkäferhaft überholt wird. Also keine jüdische Hast beim Judentumüberholen.

Überlegt man sich die Sache nämlich, so kommt der unangenehme Verdacht auf, daß man vielleicht noch nicht Jud genug ist, um ans Häuten denken zu können. Man ist vielleicht Larve, nicht Puppe? Die israelischen Rabbiner kotzen einen vielleicht an, weil man nicht reif genug ist, um zu sehen, was sich hinter den Bärten und Schläfenlocken abspielt. Sicher hat es damit zu tun, daß irgendwann einmal beim Übergang aus Bronze in Eisen eine Stimme erschalle, daß seither eine Gruppe von Leuten versucht, diesem Ruf zu folgen und ihn als Berufung auf sich zu nehmen. Vielleicht sind die Kaftanträger in Mea Schearim ekelhaft, weil sie Berufsjuden sind, aus der Berufung einen Beruf machen? Und sich dann bei jeder Gelegenheit auf die damals erschollene Stimme berufen? Ja aber, das kreischende und/oder larmoyante berufliche Berufen der unerhörten Stimme mag einen zurecht ankotzen, und doch hat man dafür irgendwie Verantwortung zu tragen. Denn was hat man selbst denn getan, um der Stimme Rede und Antwort zu stehen? Ist man selbst nicht noch ekelhafter als die Berufsjuden, weil man nicht einmal kreischt und larmoyant ist? Weil man nicht einmal wie das (oder der) berüchtigte Wiesel auf einem Kiesel mitten im Bachgeriesel des Reimes willen den Leuten etwas vorweint?

Bileams Esel, statt »Saujud« zu schreien, sagte bekanntlich »wie schön sind deine Zelte, Jakob«, und fromme Juden (ob Rabbiner, Wiesel oder nicht) zitieren den Esel, wenn sie die Synagoge beschreiten. Was war denn so Schönes an den Zelten? Daß der Wind, in welchem sich die Zeltwände blähten, zu Jakob etwas sagte, daß Jakob das hörte (»Schema Jisrael«), dem folgte, deswegen mit dem Engel kämpfte, seither hinkte und Israel genannt wurde. Man selbst hat zwar die Stimme nicht vernommen, aber von ihr läuten gehört und lange Zeit angenommen, daß es eben eine Eselei ist. Aber vielleicht ist es nötig, besser hinzuhören, bevor man versucht, sich zu häuten? Denn vielleicht sagt die Stimme, »ich bin was ich bin«, und meint damit, »du bist weil ich dich rufe«? Vielleicht ist also die Stimme nur so lange eine Eselei, solange man nicht richtig hinhört, und dann wird sie plötzlich zu jenem Ruf, dank dessen man überhaupt erst zu sich selbst kommt? Also keine jüdische Hast: zuerst hinhören, dann zu verstehen versuchen, und dann erst ans Häuten denken.

Man vergleiche aus einer gekünstelten Transzendenz (die man dank eines metaphysischen Krans erklimmen kann) die verschiedenen Formen des gegenwärtigen Antisemitismus miteinander. Etwa die Friedhofsschändung in Carpentras mit der irakischen Drohung, halb Israel zu vernichten, die dostojewskijschen Verfluchungen des Judentums seitens der Pamjat-Gruppe mit der ungarischen Beschuldigung der marxistischen Juden,

Kann man sein eigenes Judentum überholen?

die Haltung der polnischen Kirche in Sachen »Kloster im KZ« mit den beinahe einstimmigen Verurteilungen Israels seitens der Vereinten Nationen, die judenfeindlichen Flugblätter der nordamerikanischen Negerbewegungen mit der antisemitischen Haltung aristokratischer Vereine, die Verteufelung des Judentums seitens der Schia mit der These, das Christentum sei ein Gift aus Judäa. Tut man dies, dann kommt man zum Schluß, daß es niemanden geben kann, der nicht dazu neigt, zumindest eine dieser Formen des Antisemitismus für berechtigt zu halten. (Obwohl manche dabei den Titel »Antisemitismus« ablehnen mögen.) Antisemitismus aus solch einer transzendentalen Sicht erweist sich demnach als ein universaler Glaube.

Das paßt den Rabbinern, für welche ja die Juden Träger einer transzendenten Botschaft sind und die Antisemiten Leugner der Botschaft. Die Universalität des Antisemitismus ist für sie der Beweis »a contrario« für die Universalität der jüdischen Botschaft, und die historisch sich wandelnden Formen des Antisemitismus (Juden sind Atheisten, sind Zerstörer des Römischen Reichs, sind Gottesmörder, sind Schacherer, sind Rassenschänder, sind Kapitalisten, sind Revolutionäre, sind Kosmopoliten, sind Asphaltmenschen, sind Zionisten) zeigen den unerschöpflichen Reichtum der jüdischen Botschaft. Jede der Formen des Antisemitismus erfaßt einen der Parameter des Judentums (wenn auch als Negation und Karikatur), und in seiner Gesamtheit bietet der Antisemitismus einen negativen Überblick (vielleicht den einzig möglichen) darüber, was Judentum bedeutet. Das paßt den Rabbinern, aber nicht demjenigen, der dank des metaphysischen Krans sich wie Münchhausen am eigenen Zopf hinausgezogen hat und jetzt auf sein zurückgelassenes Judentum zurückblickt. Denn so einer ist zu folgender Überlegung verleitet: Ich habe versucht, mich aus dem Judentum zu ziehen, weil mir vieles daran nicht zugesagt hat und weil ich mich in vielem davon nicht wiedererkennen konnte. Dieser eigentlich unmögliche Versuch hat mir zwar nicht einen Einblick ins Judentum, aber einen Überblick über den Antisemitismus geboten. Und jetzt denke ich mir: Wenn das Judentum so etwas hervorbringen konnte wie solch einen Antisemitismus, dann kann die rabbinische Deutung doch nicht vollkommen falsch sein? Jedenfalls sollte man, mit Hinblick auf solch einen Antisemitismus, das Judentum nicht ohne weiteres aufgeben, sondern es mit ihm vielleicht noch einmal versuchen?

2. Teil

JUDE SEIN

JUDE SEIN (1)
– existentieller Aspekt

UM FREI ZU SEIN, müssen die Bedingungen, die die Existenz bestimmen, angenommen werden, damit sie später überholt werden können. Wer solche Bedingungen verneint, wird sich von ihnen nicht befreien, sondern unbewußt bedingt bleiben. Wer sie akzeptiert, ohne sie überholen zu wollen (wer sich z. B. damit brüstet, Brasilianer zu sein, denn wenn man sich damit nicht brüsten würde, wäre man es auch), ist damit einverstanden, bedingt zu bleiben. Frei zu sein ist eine schwere Aufgabe, die immerzu vom Scheitern bedroht ist, weil sie dialektisch die Bedingungen, unter denen sich das Subjekt in der Welt befindet, zugleich bejaht und verneint. Es ist diese Aufgabe indessen, die der menschlichen Existenz Würde verleiht.

Die Umstände, die mich bestimmen, sind von ihrem Verhältnis zu verschiedenen Niveaus der Wirklichkeit bedingt, in die ich getaucht bin. Ich bin zum Beispiel ein schwerer Körper, Säugetier, Bürger, Jude. Das Flugwesen hat mich von der Bedingung »schwerer Körper« befreit, weil es diese Bedingung angenommen und überholt hat. Ältere Versuche zu fliegen sind mißglückt, weil sie die Bedingung des »schweren Körpers« nicht in Betracht gezogen haben. Diejenigen aber, die sich als schwere Körper angenommen und die Versuche zu fliegen mit Verachtung und mit Veräppelung behandelt haben, waren der Menschheit ein Hindernis auf dem Weg zur Freiheit.

Die genannten vier Beispiele für Bedingungen stammen aus physikalischen, biologischen, sozioökonomischen und soziokulturellen Bereichen. Je näher eine Bedingung dem physikalischen Bereich steht, um so schwieriger ist es, sie zu überholen. Es scheint leichter zu sein, die Bedingung des Bürgers zu überholen als diejenige des Säugetiers, denn erstere ist historisch (von Regeln, die der Mensch eingeführt hat) und letztere natürlich (von den Naturgesetzen) bedingt. So daß derjenige, der die natürlichen Bedingungen betont, sie zuläßt (z. B. der Marxismus). Das Beispiel des Fliegens beweist, daß das Problem der Freiheit (die berühmte Dialektik) komplex ist. Die sozialen Regeln können zwingender sein als die Naturgesetze.

»Jude zu sein« illustriert auf außerordentlich belehrende Weise diese Komplexität. Um sie zu akzeptieren und dann zu überholen, genügt es scheinbar (wenn möglich öffentlich) mitzuteilen: »Ich stelle fest, daß ich, ohne befragt worden zu sein, als Jude hierher geworfen wurde, und ich stelle fest, daß ich frei bin, mich innerhalb dieser Bedingung, zugunsten eines frei gewählten Ziels, zu entscheiden.« Schon diese bloße Deklaration wird zeigen, daß es sich um einen absurden Vorschlag handelt (so absurd wie alle Deklarationen der Menschenrechte, die dem 18. Jahrhundert so teuer waren). Es gibt verschiedene Ursachen für die Absurdität solcher Deklarationen, von denen zwei, die ich wählen werde, beweisen sollen, daß ich nicht auf diese Weise meine jüdische Bedingung überholen kann.

(1) Die Deklaration enthält einen Trugschluß. Ich muß Jude sein (oder an einer Ideologie, die dem Judentum entstammt, teilnehmen), um behaupten zu können, daß ich einen freien Willen habe. Ein Xavant z. B. könnte eine derartige Deklaration aufgrund seiner Bedingung, ein Xavant zu sein, nicht abgeben. Die Deklaration überholt die jüdische Bedingung nicht, sondern artikuliert nur den inneren Widerspruch, der für sie typisch ist. Bedingungen können nicht durch bloße Deklaration von Absichten überholt werden.

(2) Bei der Deklaration geht es um die jüdische Bedingung, als wäre sie ein Problem, das mit der Vernunft gelöst werden könnte (deshalb waren solche Deklarationen dem Rationalismus des 18. Jahrhunderts so teuer). Das ist aber nicht der Fall, denn die jüdische Bedingung enthält emotionale, ästhetische und ethische

Existentieller Aspekt

Aspekte (genetische vielleicht sogar), die über den Rationalismus hinausreichen. Es handelt sich um eine Bedingung, die die ganze Existenz des Menschen in Anspruch nimmt. Das könnte aber von allen historischen Bedingungen gesagt werden, handle es sich um diejenige des Bürgers, des Brasilianers oder des Menschen des 20. Jahrhunderts. Im Falle der jüdischen Bedingung gibt es indessen erschwerende Umstände. Die oben genannte Deklaration ist 40 Jahre nach der »Endlösung« gemacht worden, dem Ereignis, das ohne Parallele in der Geschichte der Menschheit ist und dessen Impakt noch gar nicht bewertet werden kann. So daß die Deklaration ethisch und ästhetisch dermaßen schockierend ist, daß sie den nicht überholten Antisemitismus des Sprechers ans Licht bringt. Bedingungen können nicht mit vernünftigen Erklärungen überholt werden.

Es genügt nicht festzustellen, daß ich Jude bin, daß ich mich als Juden annehme, um die damit verbundene Bedingung zu überholen. Es setzt voraus, daß ich diese Bedingung, mit allem, was in ihr furchtbar und begeisternd ist, mit allem, was alltäglich ist, erlebe und daß ich zugebe, daß alle meine inneren wie äußeren Erfahrungen, meine Wünsche, Werte, jede Kenntnis und alle Gesten von dieser Bedingung geprägt sind. Trotz allem muß ich die ausreichende Distanz bewahren, um diese Bedingung überholen zu können. So formuliert, scheint die Aufgabe einer Emanzipation übermenschlich, insbesondere, da es um die Emanzipation von der jüdischen Bedingung geht.

Die besondere Schwierigkeit im Falle des Judeseins ist diese: Im Unterschied zur bürgerlichen, brasilianischen (und sogar der katholischen und protestantischen) Bedingung verlangt die jüdische, daß sich das ganze Leben, bis ins kleinste Detail, bestimmten Regeln unterwirft. Vollständig kann das Judesein nur von der »Orthodoxie« aufgesogen werden. Derjenige, der sich von der jüdischen Bedingung befreien möchte, kann indessen nicht orthodox leben, weil diese Art zu leben die wichtigsten Bindungen an andere Modelle der Erkenntnis, der Werte und Erfahrungen zerreißen würde. Orthodox leben bedeutet also, meine zahlreichen Bedingungen zu verneinen. Wenn ich mich voll als Jude annehme, schließe ich mich, ipso facto, von allem aus, was das Judentum übersteigen würde. Und tatsächlich wird das Problem von den Orthodoxen auf folgende Weise gestellt: Entweder akzeptiere ich mich als Jude, und in diesem Fall hat es keinen Sinn, mich emanzipieren zu wollen, oder ich verneine, verrate das Judentum.

Dieses Problem so kraß zu schildern, hat den Vorteil, die Schwierigkeit einer Emanzipation zu zeigen. Es hat aber auch den zusätzlichen Vorteil, zu illustrieren, wie dringend es ist, sich von einem solchen imperialistischen und auf Exklusivität bedachten Zwang zu befreien. Da es mir bewußt wird, wie schwierig es ist, mich zu emanzipieren, ich es aber nichtsdestoweniger versuchen muß, werde ich das Problem anders, nicht nur intellektuell, sondern existenziell formulieren.

Meine Unfähigkeit, mich vollkommen als Juden anzunehmen, ist ebenso meine Bedingung wie mein Judesein. Ich bin viel zu sehr »Grieche«, »Römer«, »Germane« und »Christ«, um total Jude zu sein. Um mich ganz als Juden akzeptieren zu können, muß ich auch die Grenzen meines Judentums akzeptieren. Ich muß dieses limitierte Judentum überholen, wenn ich frei und würdig leben will. So formuliert, erscheint die Frage der Treue in einem neuen Licht. Meine geschichtliche Bedingung zwingt mich, entweder meine griechischen Modelle zugunsten der Juden oder die jüdischen Modelle zugunsten der Griechen zu verraten. Der Verrat an den Modellen ist eine der Bedingungen, wie ich mich in der Welt befinde.

Sobald ich meine Verurteilung zu einem Verräter bis auf den Grund eingesogen und verstanden haben werde, daß ich unfähig bin, ohne z. B. das jüdische Modell der Gerechtigkeit (den Sieg des Guten über das Böse) oder das griechische Modell der Gerechtigkeit (das Gleichgewicht) zu urteilen und zu handeln, wobei das eine Modell das andere ausschließt, werde ich besser

Existentieller Aspekt

verstehen, warum ich mich emanzipieren will. Um frei leben zu können, um mich vom Widerspruch meiner Modelle zu befreien, werde ich danach trachten, nicht nur meine jüdischen Bedingungen zu überholen, sondern alle anderen Bedingungen, die in mir miteinander wetteifern – nicht um mein Judesein zu verneinen, sondern um zu einer Synthese meines Judeseins mit den anderen Bedingungen zu gelangen.

Ich wurde in die Welt als ein Jude geworfen, der sich nicht ganz als ein Jude annehmen kann. Sollte ich mich als Jude identifizieren, würde ich verschiedene Bedingungen meiner Existenz, die dem Judesein widersprechen, verraten. Sollte ich jedoch mein Judesein verneinen, würde ich eines der Elemente meines In-der-Weltseins verraten. In dieser Weise führt der Versuch, mich zu emanzipieren, zum vollständigen Annehmen meiner selbst. Ich werde nur dann authentisch leben können, sollte mir gelingen, einander widersprechende Bedingungen auf das Niveau einer Synthese zu heben. Gewiß sieht eine solche Synthese für jeden Juden anders aus, weil jeder unter anderen Bedingungen lebt, so daß jeder die Synthese auf seine Art erreichen muß. Und doch gibt es genügend Ähnlichkeiten unter den heutigen Juden, um zu behaupten, daß es Konturen einer über-individuellen Synthese gibt: Konturen eines Weltbürgertums im westlichen Sinn des Wortes.

Die Antisemiten von rechts nannten die Juden »Heimatlose« und die von links nennen sie heutzutage »Kosmopoliten«. Beide Worte, als Schimpfworte gemeint, sind indessen lobend. Mit diesen Worten beabsichtigen die Antisemiten, die Juden als entwurzelte Menschen zu bezeichnen. Sie irren sich. Wir können unseren Wurzeln nur dann treu bleiben, wenn wir alle unsere Besonderheiten überholen. Unserer Bedingung nach streben wir nach einem Weltbürgertum. Unseren Umständen nach sind wir dazu bestimmt, Katalysatoren eines zukünftigen Weltbürgertums zu sein. Und nur, wenn wir diese Bestimmung akzeptieren, werden wir frei sein. Frei von allen inneren Widersprüchen, im Hinblick auf eine Gemeinschaft, in der wir uns mit den Nicht-Juden vereinen können.

Sartre hat angenommen, daß die jüdische Bedingung eine Kategorie ist, die dem Individuum von außen auferlegt wird. Sartre sagt, wenn wir Juden sind, dann durch den Blick des anderen auf uns selbst. Ich glaube, daß sich Sartre aus zwei Gründen teilweise irrt. Mein erster Einwand ist, daß sich seine Kritik auf alle menschlichen Bedingungen bezieht und nicht nur auf die jüdische: Nur wenn wir den Blick von außen auf uns selbst annehmen, sind wir männlichen Geschlechts, Brasilianer, Menschen des 20. Jahrhunderts usw. Anders gesagt, alles, was wir sind, sind wir durch den Blick des anderen auf uns, und infolgedessen gilt alles, was Sartre zur jüdischen Frage sagt, z. B. auch für das Problem der Frau. Mein zweiter Einwand gegen Sartre ist, daß er die Dialektik der Blicke unterschätzt. Wenn mich die anderen als Juden ansehen (und die anderen sind nicht nur Antisemiten, sondern insbesondere meine eigene Familie), dann erkenne ich mich in diesem Blick und sehe sie meinerseits mit einem jüdischen Blick an. Es ist also wahr, daß ich nur bin, was ich bin, in Funktion des Blicks eines anderen, das bedeutet aber nicht, daß ich nicht das bin, was ich »wirklich« bin. Obwohl ich also nur theoretisch Jude bin, bin ich trotz allem Jude. Anders gesagt: Ich bin nur, was ich bin, Jude eingeschlossen, innerhalb der Kategorien, die mir die anderen auferlegen (Intersubjektivität), und außerhalb dieser Kategorien, in der Einsamkeit, bin ich strenggenommen nichts. Ohne den Blick des anderen existiere ich nicht.

In einem anderen Sinn aber hat Sartre mit seiner scharfen Kritik der Judenfrage recht. Der Beweis dafür ist, daß wir uns alle, in einem bestimmten Moment unserer Biographie, durch den Blick der anderen als Juden entdecken. Die anderen sagen uns, daß wir Juden sind, und es ist für unser ganzes Leben wichtig, wer der andere war, der uns das erstemal Jude nannte – ob es der Vater war, ein Mitschüler oder ein Fragebogen der

Existentieller Aspekt

Behörde. Die Eigenschaft des ersten Blicks, der uns zu einem Juden stempelte, wird unser ganzes Judesein durchdringen. Meiner Ansicht nach ist das der fundamentale Unterschied zwischen den im Judentum integrierten und den assimilierten Juden. Die ersten wurden durch den Blick anderer Juden zu Juden, und die zweiten durch den Blick von Nicht-Juden. Ohne zu übertreiben, handelt es sich dabei um zwei ganz verschiedene Arten des Judeseins. Der assimilierte Jude, wie ich es bin, ist nicht im gleichen Sinn ein Jude wie derjenige, der im Schtetl geboren wurde oder Sohn von im Schtetl geborenen Juden ist. Diesen Unterschied darf man nicht verkleinern, will man die jüdische Frage nicht de-existentialisieren. Es wäre nicht ehrlich, den Abgrund zwischen den Ost- und den Westjuden leugnen zu wollen.

Was ich eben gesagt habe, scheint für das vorige, aber nicht für unser Jahrhundert zu gelten. Der Nazismus und der Zionismus scheinen diesen Abgrund überholt zu haben. Ich glaube aber nicht, daß diese Interpretation stimmt. Der Nazismus und der Zionismus sind fundamentale, eng miteinander verbundene Fakten in der heutigen jüdischen Existenz.

Stellen wir uns einmal vor, wie anders die Koordinaten der jüdischen Frage wären, wenn es Nazismus und Zionismus nicht gegeben hätte. Vielleicht gäbe es keine Judenfrage mehr. Vielleicht hätten die Vereinigten Staaten eine Endlösung entworfen, die anders gewesen wäre als die von Hitler. Solche Vorstellungen beweisen, daß die heutigen Fakten auf tieferen Tatsachen beruhen, die sie verdecken, aber nicht annullieren. Und eine dieser Tatsachen ist, daß es zwei Arten von Juden gibt: die Juden, die für andere Juden da sind, und diejenigen, die in Funktion von Nicht-Juden leben.

So schmerzhaft es ist, wir müssen zugeben, daß der Zionismus und der Nazismus eng miteinander verwoben sind, und zwar nicht nur im Sinne des Witzes, wonach Hitler in Jerusalem ein Denkmal mit der Aufschrift »unserem He(e)rführer« bekommen sollte. Phänomenologisch gesehen, erscheint Israel als eine ebensolche Konglomeration aller Arten von Juden, wie es Auschwitz war. Obwohl Israel historisch keine Antwort auf Auschwitz ist, existentiell ist es so. Das ist für jeden Juden ergreifend und sollte es auch für jeden Nicht-Juden sein. Als Antwort auf die Konzentration der Menschenmenge, die der Vernichtung preisgegeben war, steht die Konzentration der Menge, die ein würdiges Leben behauptet. Das soll aber den Blick auf die Tatsache nicht trüben, daß wir mit dem Zionismus dem nazistischen Blick antworten. Der nazistische Blick verdinglicht selbstverständlich, es ist der Blick des Bösen, und der zionistische Blick ist der Blick zum anderen hin, rührend menschlich. Trotzdem sind es dialogische Blicke, und da es keinen Nazi ohne Juden gibt, gibt es auch keinen Zionisten ohne Nazis.

Wir haben den Nazismus noch nicht verdaut, und das nicht nur seiner Ausmaße wegen. Die Schuld daran hat insbesondere die Tatsache, daß wir von Grund auf alle Juden sind, die nach dem Nazismus leben. Die Frage des Nazismus reicht bis zu den Wurzeln unserer jüdischen Existenz. Das führte Hannah Arendt zur Philosophie, aber ich glaube, daß es eine nach-nazistische Philosophie noch nicht gibt. Das Problem besteht in der Frage: Wie nach Auschwitz leben? Es gibt verschiedene Parameter, mit denen man sich dem Problem nähern kann, von denen einige nicht spezifisch jüdisch sind. Was im Kontext dieses Vortrages interessiert, ist die Frage: Wie kann ich Auschwitz in mein jüdisches In-der-Welt-sein einbauen? Der Zionismus ist eine der möglichen Antworten. Die Israelis sind würdigere Menschen als wir, weil sie eine solche Antwort leben. Sie sind bereit, ihr eigenes Leben und das ihrer Kinder für ein solches Leben zu opfern. Nicht für alle Israelis aber gilt diese Antwort, denn manchem will es scheinen, daß sie zuviel vom Nazismus an sich hat, auf den sie die Antwort ist. Wir müssen andere individuelle und kollektive Antworten finden, die mehr vom vor-nazistischen Judentum als vom Nazismus durchtränkt sind. Wir brauchen das, was mein Cousin David den »vor-

Existentieller Aspekt

emanzipatorischen Zionismus« nennt. Noch sind wir sehr weit von solchen alternativen Antworten entfernt, was nicht für die außerordentliche Vitalität des heutigen Judentums spricht. Obwohl die einzige würdige Antwort auf den Nazismus heute der Zionismus ist, zeichnet sich spontan eine andere Antwort ab: die amerikanische. Was sich in Amerika abspielt, ist weder mit der heutigen brasilianischen Situation zu vergleichen noch mit den Zuständen in Deutschland zu Anfang unseres Jahrhunderts und in Spanien im 15. Jahrhundert. Die amerikanischen Juden sind weder an die Umgebung assimiliert, noch bilden sie ein sehr produktives Element in der Gesellschaft. Es entsteht in den Staaten eine ganze Zivilisation (Literatur, Kunst, Philosophie, Technik, Wissenschaft, eine Lebensweise), die ein jüdisches Aroma hat. Die scheinbare Dekadenz dieser Zivilisation heutzutage darf nicht die Tatsache verdunkeln, daß es um eine Alternative für die ganze Menschheit geht. Die Welt amerikanisiert sich, d. h., sie wird jüdischer. Es scheint, daß dieses Phänomen die gleiche Analyse wie der Zionismus erfordert, möchte man die eigene jüdische Existenz heutzutage erfassen.

Sartre nahm Raymond Aron als Modell für seine Analyse der Judenfrage, und als Sartre starb, nahm Aron diese Rolle auf sich. Hätte Sartre Chomsky als Modell genommen, oder Philipp Roth, Andy Warhol oder Norbert Wiener, wäre seine Analyse eine andere gewesen. Raymond Aron akzeptiert sich als französischen Juden, und die anderen nehmen sich als Amerikaner an, eben weil sie Juden sind. Mit Sartres Worten: Für die brasilianischen oder französischen Juden ist ihre brasilianische oder französische Bedingung ein Problem, weil ihre jüdische Bedingung die andere überdeckt. Ein brasilianischer Jude wird im Ausland, mehr oder weniger richtig, als ein Jude und nicht als Brasilianer angesehen. Für einen amerikanischen Juden gibt es dieses Problem nicht. Er wird im gleichen Maß als Amerikaner *und* Jude angesehen. Ich glaube, daß man sich davon nicht genügend Rechenschaft gibt.

JUDE SEIN

Es ist nicht meine Absicht, eine Alternative für die zionistische Lösung des jüdischen existentiellen Problems zu vertreten. Ich möchte nur die Tatsachen des Problems, wie es zu sein scheint, aufzeigen. Die Tatsachen sind folgende: Es gibt nicht nur eine Bedingung für das Judesein, sondern zwei. Als ich in die Welt geworfen wurde, ohne befragt worden zu sein, fand ich mich entweder als Jude für andere Juden oder als Jude für Nicht-Juden. Das ist eine ebenso fundamentale Bedingung wie die eines Bürgers oder eines Wesens männlichen Geschlechts. Diese fundamentale Tatsache wurde von den Nazis, deren Verbrennungsöfen das Judentum auf amorphe Asche reduziert haben, auszulöschen versucht. Gestatten wir den Nazis nicht, uns noch weiter zu verwirren. Es gibt diese zwei Möglichkeiten, sich anzunehmen: Juden für andere Juden und Juden für die Welt. Gewiß können sich diese beiden Möglichkeiten ergänzen, und das ist in ruhmreichen Perioden der jüdischen Geschichte der Fall gewesen. Individuell müssen wir, in Übereinstimmung mit unserem authentischen In-der-Welt-sein, zwischen den beiden wählen. Um uns selber zu überholen, müssen wir uns treu bleiben. Der Zionismus ist systolisch: er konzentriert sich auf sich selbst. Es fehlt uns aber eine diastolische Bewegung, die das Judentum den anderen öffnet, indem es sich selbst öffnet.

11

JUDE SEIN (2)
– kultureller Aspekt

UNSER GEBURTSORT macht uns zu westlichen Menschen, aber als Juden sind wir etwas anders westlich als die anderen, die auch an unserer Kultur teilnehmen. Das Engagement eines Juden in der Kultur im allgemeinen hat deshalb ein besondere Aroma, und davon will ich hier sprechen.

Die westliche Kultur begann mit dem Hellenismus und sie ist Erbin der nahöstlichen und der Mittelmeerkulturen. So gesehen ist sie die älteste unter den Kulturen (ihr Ursprung verliert sich im siebten Jahrtausend), was heutzutage in der dritten Welt zugunsten der chinesischen und indischen Kultur gerne geleugnet wird. Die westliche Kultur unterscheidet sich von den beiden letzteren dadurch, daß in ihr griechisches und jüdisches Gedankengut vorwiegt. Die ägyptischen, mesopotamischen und zentralasiatischen Elemente wurden durch die griechischen und jüdischen Kategorien neu formuliert; keltische, germanische, slawische, arabische und türkische Elemente hingegen wurden absorbiert. Das römische Element half unsere Kultur eher zu strukturieren, als daß es inhaltlich auf sie Einfluß genommen hätte. Unsere Kultur ist ihrem Wesen nach griechisch und jüdisch. Ihre Mythen sind jüdisch und griechisch, ihr In-der-Welt-sein, die Art, wie von ihr die Welt angesehen, erlebt, empfunden und behandelt wird, ist griechisch und jüdisch. Kurz, das hellenistische Alexandrien ist ihr Prototyp.

Falsch aber wäre die Behauptung, der Westen sei eine Synthese aus Griechen und Juden. Eine Synthese ist mißlungen. Die zwei westlichen Erbschaften sind miteinander nicht kompatibel. Sehr brutal und vereinfacht gesagt: Die Griechen leben und denken »essentiell« und die Juden »existentiell«. Zur genaueren Erklärung werde ich einige Beispiele geben. »Gerechtigkeit« z. B. heißt bei den Griechen »dike« und bedeutet das Gleichgewicht zwischen Extremen. Bei den Juden heißt Gerechtigkeit »Tsedaka«: Sieg des Guten über das Böse. Was für die Griechen gerecht ist, ist höchst ungerecht für die Juden und umgekehrt. »Wahrheit« (»aletheia«) ist für die Griechen das objektive Enthüllen des Seins; für die Juden ist sie die intersubjektive Enthüllung des Ewigen (»Emet«). Was für die Griechen Wahrheit ist, ist für die Juden Lüge, und was den Juden als Wahrheit gilt, ist falsche Meinung für die Griechen. »Unsterblichkeit« bei den Griechen ist die ewige Unveränderlichkeit der Ideen, und die Methode, zu ihnen zu gelangen, ist die Philosophie. Für die Juden ist Unsterblichkeit, im Gedächtnis der anderen zu bleiben, was mit der Liebe zu den anderen zu erreichen ist. Die griechische Unsterblichkeit ist für Juden Idolatrie, und jüdische Unsterblichkeit für die Griechen »Politik« (»dogmatisch«). Für die griechische Anthropologie sind Ideen die Heimat des Menschen, und der Mensch ist essentiell a-historisch. Für die jüdische Anthropologie ist der Mensch nach dem Ebenbild Gottes geschaffen worden, um die Welt zu regieren, und infolgedessen ist er historisch. Die beiden Anthropologien sind nicht zu vereinbaren.

Die zwei Kulturen sind nicht nur inkompatibel – sie empfinden sogar Abscheu füreinander. Für die Griechen sind die Juden widerwärtige Fanatiker, und die Griechen für die Juden verachtenswerte »Salauds«. Aus den Evangelien können wir herausspüren, wie Pilatus und die Juden einander erlebt haben. Nichtsdestoweniger ko-existieren beide Kulturen im Bewußtsein eines jeden von uns, und wir können weder ohne die eine noch ohne die andere existieren. Wir haben sowohl die griechische als auch die jüdische Auffassung von Wahrheit, Gerechtigkeit, Unsterblichkeit, Geschichte und aller anderen Kategorien, die unsere Tätigkeiten und unser Denken betreffen, internalisiert. Der daraus folgende Konflikt manifestiert sich sowohl im Bewußtsein jedes einzelnen als auch in der Geschichte des Westens.

Kultureller Aspekt

In der Geschichte des Westens ist es zu verschiedenen Synthesen der beiden Kulturen gekommen: Das Beispiel mit der größten Evidenz ist das Christentum. Es entstanden verschiedene Disziplinen, die auf der einen oder der anderen Erbschaft fußen: Die moderne Wissenschaft ist essentiell griechisch, die moderne Politik essentiell jüdisch. Sobald eine der beiden Kulturen die Vorherrschaft übernimmt, begehrt die andere unweigerlich auf. So läßt sich die Reformation als Aufbegehren des Judentums gegen die aristotelische Hellenisierung der Kirche ansehen und der zeitgenössische strukturalistische Formalismus als Aufbegehren des Hellenismus gegen das jüdische historische Denken. Die Geschichte des Westens ist der dialektische Kampf zwischen seinen beiden Erbschaften.

Dieser innere Riß charakterisiert den Westen und verleiht ihm die außerordentliche Dynamik, die zur Beherrschung aller anderen Kulturen geführt hat. Er führte aber auch zur Fragilität des Westens, demjenigen Aspekt, der heute zu Tage tritt, weil von uns beherrschte und vergewaltigte Kulturen Rache zu nehmen beginnen. Die Ambivalenz innerhalb unserer Kultur kam selten so klar zum Vorschein wie jetzt: Wenn wir unsere Kultur retten wollen, müssen wir sie annehmen, und das ist eine moralisch wie existentiell zweifelhafte Aufgabe. Wer weiß, ob unsere Kultur in Anbetracht der begangenen Verbrechen (der Versklavung der Schwarzen, des Nazismus usw.) und des Widerspruchs in ihrer Weltanschauung gerettet zu werden verdient. Solche Überlegungen sind theoretisch, denn als westliche Menschen sind wir am Überleben des Westens durch und durch interessiert. Wir würden zusammen mit ihm sterben.

Die klassischen Griechen gibt es nicht mehr. Sie haben sich in der Gestalt des Byzantinismus aufgelöst. Im Unterschied dazu sind die Erben des ursprünglichen Judentums weiterhin aktiv: Wir sind es. Gewiß sind wir nicht mehr so, wie es die Juden zur Zeit des Talmuds waren, und heute würde man sagen, daß sich das Judentum »entwickelt« hat, weil es sich während seiner Geschichte tiefgreifend verändert hat. Trotzdem ist die Kette, die das heutige Judentum mit dem ursprünglichen Judentum und mit dem Judentum zur Zeit des Talmuds verbindet, nie abgebrochen. Das verleiht dem kulturellen Engagement des bewußten Juden ein unvergleichliches Aroma.

Als westliche Menschen des 20. Jahrhunderts sind wir Juden Opfer der gleichen inneren Widersprüche wie alle anderen, die an der westlichen Kultur teilnehmen: Es befallen uns dieselben epistemologischen und moralischen Zweifel, wir leiden an derselben Glaubenskrise und sind von derselben Gefahr bedroht. Sollte sich dem japanischen kybernetischen Konfuzianismus eine Gelegenheit bieten, wird er den Okzident, die Juden eingeschlossen, von der Szene kehren. Der Unterschied zwischen uns Juden und den anderen Okzidentalen aber besteht darin, daß wir direkte Verbindung zu den Wurzeln unserer Kultur haben. Wir können noch in unserem Innern das existentielle Klima des ursprünglichen Judentums erleben, nicht aber dasjenige des Hellenismus.

Diese Fähigkeit, sich erinnern zu können (hebräisch »Zekher«), ist in den Augen der anderen Okzidentalen ein Skandal. Mit welchem Recht ist uns die Verbindung mit unseren Wurzeln erhalten geblieben, während sie bei den anderen verloren gegangen ist und sie komplizierte Turnübungen machen müssen, so wie es Heidegger, Jung und protestantische Fundamentalisten tun, um sich zu erinnern? Dieser Skandal scheint eine der Erklärungen für den Antisemitismus zu sein. Es ist doch skandalös, daß die Juden nicht wie die Griechen verschwunden sind. Dazu kommt noch die Tatsache, daß Jesus, der Gründer des Westens, Jude war, und er ist für die gläubigen Christen der fleischgewordene Gott. Das ist für den nicht-jüdischen Westen schmerzlich, ein Skandal, und sollte von uns, vor jedem Engagement für den Westen, zugegeben werden.

Unsere Rolle innerhalb des Westens besteht darin, Zeugnis abzulegen von dem, was leichtfertig »jüdische Werte« genannt wird. Obwohl wir diese sogenannten

Kultureller Aspekt

»Werte« erleben – insbesondere dank der Erfahrungen, die wir mit ihnen in unserem Familienleben machen –, sind sie konkret sehr schwer zu formulieren. Sie müssen »gelernt« werden. Diejenigen Juden, die ein streng jüdisches Leben führen, diejenigen, die »lernen«, sind aber genau jene, die den Nicht-Juden kein Zeugnis ablegen wollen (das heutige Judentum macht keine Proselyten), und die Juden, die sich für den Westen engagieren, haben in der Mehrzahl nicht »gelernt«. Es sind ignorante Juden.

Wir sollten die Schwierigkeiten weder verhehlen noch übertreiben. Im Unterschied zu den griechischen bestehen die jüdischen Werte meistens aus Modellen für das konkrete Verhalten. Sie werden von den anderen, irrtümlicherweise und mit Verachtung, »Riten« genannt. Sie sind Modelle, die der absurden menschlichen Existenz Bedeutung geben wollen. Jedes Modell für sich ist absurd, alle zusammen »heiligen« das Leben. Folgendes passiert: Diejenigen, die die jüdischen Werte »studieren« und diskutieren, ob ein am Sabbat gelegtes Ei gegessen werden darf, verlieren den Hintergrund der Riten aus ihrem Blickfeld. Sie sehen den Wald nicht, weil sie die Bäume zu gut kennen. Es sind eben die ignoranten Juden, die den Blick auf das Ganze haben, ohne die Details zu kennen, und so besser Zeugnis für das Judentum ablegen könnten.

Es ist sehr wichtig, nicht zu vergessen, daß das ursprüngliche Judentum eine Summe konkreter Modelle für ein Verhalten ist, das dem absurden Leben Bedeutung verleiht. Das ganze Judentum ist eine Herausforderung des Absurden. Das ist sein Klima. Nicht nur Hiob, auch Kafka bezeugt es. Ich bin davon überzeugt, daß eine sorgfältige Lektüre des Talmuds meine These bestätigen würde. Wenn also meine These richtig sein sollte, dann ist es dem jüdischen Engagement in der westlichen Kultur vorbestimmt, konkrete Verhaltensmodelle vorzuschlagen, die mit der Erfahrung des Judentums übereinstimmen. Und das ist es in der Tat, was die engagierten Juden tun.

JUDE SEIN

Ich werde einige Beispiele geben: Die Kibbuzim sind Modelle für ein soziales Verhalten und sie akzeptieren sich als solche. Der ganze jüdische Staat will ein Modell für einen Staat sein. Marx schlägt ein revolutionäres Verhalten vor und Freud ein individuell bewußtes. Spinoza schlägt ein philosophisches Verhalten vor und Husserl ein Modell für ein wissenschaftliches. Schönberg schlägt ein Modell für Komposition vor und Wiener ein kybernetisches Modell; Levi-Strauss ein Modell für mythisches und Popper eins für rationales Verhalten. Die Beispiele könnten leicht vermehrt werden. Das Modell aller Modelle ist selbstverständlich das Wort und das Leben, das Jesus vorschlägt, doch übersteigt dieses Thema den Rahmen dieses Vortrags. Meiner Ansicht nach muß gezeigt werden, daß der jüdische Beitrag darin besteht, Modelle für konkretes Verhalten zu entwerfen.

Logisch gesprochen, sind Modelle Imperative. Sie beziehen sich auf das »Seinsollen«, sie wollen die Wirklichkeit zwingen. Sie sind nicht sympathisch, provozieren Ressentiment. In dem Maß, in dem die Modelle etwas vorschlagen, provozieren sie den Antisemitismus. Das ist der Preis, welcher bezahlt werden muß. Schon die Existenz des Juden ist für die anderen skandalös. Akzeptieren wir, daß die Modelle von Marx, Freud, Schönberg und, ganz tief am Grund, Christus Provokationen des Antisemitismus sind. Was aber zählt, ist, daß die Modelle, die wir vorschlagen, helfen, unserem eigenen Leben und dem der anderen Bedeutung zu verleihen. Sollten wir aus Angst vor einer Provokation auf das Engagement verzichten, würden wir weder als Juden noch als Menschen überhaupt leben. Unsere jüdische Dimension ist von unserer menschlichen Dimension nicht zu trennen. Laßt uns unserer menschlichen Dimension würdig leben.

12

JUDENTUM ALS QUELLE DES WESTENS

Meiner Meinung nach kann das Judentum unter zwei ganz verschiedenen Gesichtspunkten betrachtet werden: einerseits als die Summe aller Riten und andererseits als eine Weltanschauung und ein Lebensentwurf. Beide Aspekte können unser Nachdenken fesseln: ersterer durch die beharrliche Weiterführung der Tradition und den aufopfernden Enthusiasmus im Laufe der tausendjährigen, bewegten Geschichte. Am zweiten Aspekt fesselt uns der entscheidende Einfluß auf die westliche Zivilisation und dadurch auf das Schicksal der Menschheit. Ich will in diesem Aufsatz diesen zweiten Aspekt zu erläutern versuchen und den ersten gar nicht berücksichtigen. Als Weltanschauung ist das Judentum ein Lebensprojekt, das in unserer Zivilisation (im Hegelschen Sinn) »aufgehoben«, in sie integriert ist. So gesehen, hat unsere Zivilisation das Judentum erhalten und es auf ein neues Niveau gehoben. Zuerst werde ich eine schnelle Skizze des Judentums von diesem Aspekt aus entwerfen und später das »Aufheben«, in Hegels Sinn, in Betracht ziehen.

Ich werde mich mit dem befassen, was mir die jüdische Erkenntnistheorie zu sein scheint, obwohl das jüdische Denken grundsätzlich jeder Theorie widerspricht und infolgedessen der Philosophie fremd gegenübersteht. (Die jüdischen Philosophen überheben sich als Philosophen über die jüdische Weltschauung.) Wahrheit ist die Beziehung zwischen dem Erkennenden und dem Erkannten. Im Judentum geht die Beziehung vom Erkannten aus, in Richtung des Erkennenden; das Erkannte (die »Wirklichkeit«) offenbart sich. Die jüdische Wahrheit (Emet) ist die Offenbarung der Wirklichkeit, eine Offenbarung, welche ursprünglich passiv entgegengenommen wurde. Die Erkenntnistätigkeit des Menschen beschränkt sich auf eine Erklärung und Deutung der geoffenbarten Wahrheit. Im jüdischen Sinn ist Erkenntnis ein Prozeß fortschreitender Deutung der geoffenbarten Wahrheit, anders gesagt, es ist die wachsende Summe von Kommentaren der heiligen Schriften. Diese Texte sind die einzige Quelle der Erkenntnis, weil sie die Wirklichkeit offenbaren. Und weil sie die Erkenntnis erweitert und vertieft, hat die Tradition eine epistemologische Funktion im jüdischen Existenzentwurf. Die passive jüdische Einstellung zur Wahrheit unterscheidet die jüdische Mentalität von der griechischen, die die Wahrheit erforschen und enthüllen, und von der lateinischen, die sie erobern und untersuchen muß.

Der Begriff der Wirklichkeit steht in enger Verbindung mit dem der Wahrheit. Die Wirklichkeit überschreitet in der jüdischen Weltanschauung die phänomenale Welt (die »Natur«), aber nichtsdestoweniger ist die Natur ein Gebiet der Wirklichkeit. Die Natur (Olam ha-se) ist genauso wirklich wie die Transzendenz (Olam ha-ba), doch sind die Kategorien, die auf den beiden Gebieten der Wirklichkeit überwiegen, asymmetrisch und problematisch. »Olam ha-se« ist historisch, fließend, »Olam ha-ba« ewig und unveränderlich. »Olam ha-se« ist im strengen Sinn des Wortes historisch; hat Anfang und Ende, wurde »erschaffen« und wird einen »letzten Tag« haben. »Olam ha-se« ist nichts als eine vergängliche Phase von »Olam ha-ba« und trotzdem die einzige Bühne, auf der sich die menschliche Handlung abspielt. Der Mensch ist ein historisches Wesen, das von seiner Umgebung, der Natur, bedingt ist. Die geoffenbarte Wahrheit öffnet indessen ein Fenster auf »Olam ha-ba«, das durch die kommentierende Tätigkeit immer offen gehalten wird. Dieser jüdische Begriff der Wirklichkeit (der meiner Ansicht nach einer philosophischen Analyse nicht standhält, doch von seiner ethischen Dynamik erhalten wird) widerspricht allen Begriffen der Wirklichkeit, die uns bekannt sind. Für die Griechen und Inder z. B. ist die Natur unwirklich (phänomenal), obwohl sie die Wirklichkeit ahnen läßt, die von ihr verdeckt wird.

Judentum als Quelle des Westens

Die Ethik des Judentums ist eine logische Konsequenz seiner Ontologie, obwohl es historisch wahrscheinlicher ist, daß die Ethik der Ontologie vorausgegangen ist. Die fundamentalen Begriffe dieser Ethik sind »Treue« (Emuna), »Gerechtigkeit« (Tsedaka), »Werk« (Mizwa) und »Sünde« (Khet). Die grundsätzliche Bedingung für ein richtiges Leben ist die Treue, die Einstellung, die sich der Mensch der geoffenbarten Wahrheit gegenüber bewahren muß. Die Gerechtigkeit ist die Anwendung dieser Wahrheit an »Olam ha-se«, damit die Dinge dieser Welt der Wahrheit entsprechen, so sind, wie sie zu sein haben. Das Werk ist die Methode, wie die Gerechtigkeit angewandt wird, und in der Hingabe an diese Methode liegt die Würde der menschlichen Bedingung. Die Sünde ist Folge der Untreue, die ihrerseits zur Ungerechtigkeit führt und die Dinge zu dem macht, was sie nicht sein sollen – die Natur entwertet. Die Sünde ist Perversion der Wahrheit, sie selbst ist eine Pervertierung. Die jüdische Ethik bestimmt folglich das »Gute« und das »Böse« (Wahrheit und Sünde), und die jüdische Gerechtigkeit ist keine Suche nach Gleichgewicht, sondern eine Entscheidung zugunsten der Wahrheit. Diese Ethik widerspricht violent den griechischen Begriffen, für die das Gegenteil der Wahrheit nicht die Sünde, sondern der Irrtum ist, und den lateinischen Begriffen, für die Gerechtigkeit und Tugend Formen der Suche nach einer ausgewogenen Position sind.

Die jüdische Ästhetik hat mit dem Begriff der »Reinheit« (Kaschrut) zu tun. Um diesen Begriff richtig zu verstehen, müssen wir den von den Griechen ererbten Begriff der »Reinigung« (Katharsis) vergessen. Die jüdischen ästhetischen Kategorien sind nicht so sehr das »Schöne« und das »Häßliche«, sondern das »Reine« und das »Unreine«. Das Erleben des »Reinen« bewirkt Beruhigung des Gemüts, das Erleben des »Unreinen« Ekel. Infolgedessen ist der nackte Körper ekelhaft und nackt zu sein ist sündhaft. Eine Frau, die den geoffenbarten Geboten entsprechend gekleidet ist, ist schön (sie ist rein). Wie man sieht, wird die jüdische Ästhetik von der Ethik bestimmt und kann von ihr nicht getrennt werden. Es stellt sich auch das Problem der Kunst und des Kunstwerks nicht, jedenfalls nicht in den Kategorien, an die wir durch unsere griechische Erbschaft gewohnt sind. Das menschliche Leben ist das einzige Kunstwerk, welches das jüdische Denken existentiell interessiert. Rein zu leben ist existentiell die einzige belangvolle Form, um Schönheit hervorzubringen. Die griechischen ästhetischen Probleme, wie diejenigen des Schaffens (Poiesis) und der Nachahmung (Mimesis), stellen sich im jüdischen Denken nur negativ und apologetisch. Das Schaffen ist Vorrecht des Transzendenten (»Du darfst dir keine Götter machen neben Mir«) und Nachahmen ist Sünde (»Du sollst dir keine Bilder machen von Mir«); Kunst im griechischen Sinn ist folglich unrein.

Um diese gedrängte Skizze der jüdischen Weltanschauung und des jüdischen Lebensentwurfs – viel zu gedrängt, um Richtigkeit beanspruchen zu können – abzuschließen, werde ich sagen, daß die jüdische Weltanschauung und der jüdische Lebensentwurf die Ethik zum Mittelpunkt haben. Von der jüdischen Ethik, von der Praxis aus müssen wir versuchen in das jüdische Denken einzudringen. Ich behalte diese Tatsache im Gedächtnis und werde jetzt meine These erläutern, wonach die jüdische Weltanschauung und der jüdische Lebensentwurf in der westlichen Zivilisation »aufgehoben« sind, an der wir alle, Juden oder Nicht-Juden, teilnehmen.

Es ist leicht zu ersehen, daß der Westen Bühne einander widersprechender Tendenzen ist, die ihm, bis vor kurzem, jene Elastizität und strotzende Kraft gaben, die ihn charakterisieren. Es ist allgemein bekannt und trotzdem wahr, daß das Christentum als Synthese jüdischer, griechischer, ägyptischer, persischer, lateinischer und, wer weiß, auch hinduistischer Elemente die Basis des Westens ist. Ich habe aber einen weniger ausgetretenen Pfad gewählt, um dies zu zeigen. Die westliche Epistemologie operiert mit verschiedenen Wahrheitsbegrif-

Judentum als Quelle des Westens

fen, und die jüdische Wahrheit ist einer von ihnen. Auf dem Gebiet der Wissenschaft herrscht der griechische Begriff der Wahrheit, das »Entdecken«, vor, obwohl der Begriff des »Offenbarens« nicht ganz abwesend ist. Im religiösen Denken, dem katholischen wie protestantischen, herrscht der jüdische Begriff der Wahrheit vor. Innerhalb des philosophischen Denkens aber strebt man nach einer Synthese der verschiedenen Wahrheiten. Die Phänomenologie, als geduldige Unterwerfung unter die sich offenbarenden Dinge, ist ein Sieg des jüdischen Denkens, und das existentielle Denken, als Treue zur eigenen Authentizität, die sich im Bewußtsein offenbart, ist eine überraschende Wiederbelebung des jüdischen Existenzentwurfs. Die jüdische Wahrheit ist in der westlichen Epistemologie auf sehr fruchtbare Weise bewahrt, auch wenn sie, auf ein neues Niveau gehoben, eine neue Bedeutung erhält.

Die jüdische Ontologie mit ihrer ganzen Problematik von Diesseits und Jenseits, Körper und Seele, weltlichen und ewigen Dingen, ist ein Fluch, der den Westen begleitet und sich jedem Versuch einer Lösung widersetzt. Im Gegenteil, nachdem der Westen den jüdischen Wirklichkeitsbegriff in seinen Konsequenzen, die im Judentum nur angedeutet sind, ausgearbeitet hatte, hat er diese Weltanschauung zum Absurden geführt, unfähig sie zu ersetzen. In diesem negativen Sinn hat der Westen den jüdischen Begriff der Wirklichkeit bewahrt, hat dessen Absurdität auf ein unvorhersehbares Niveau gehoben und seine Überholung mit dem Verlust jedes Sinns der Wirklichkeit bezahlt. Die Krise der Wissenschaft und die existentielle Verzweiflung sind die aktuellen Symptome dieses Prozesses. Der Sinn für die Geschichte, der den »Olam ha-se« charakterisiert und so typisch jüdisch ist, charakterisiert auch den Westen und unterscheidet ihn von allen anderen Zivilisationen, die der zirkulären Zeitvorstellung ergeben sind.

Die westliche Ethik hat eine politische, eine juristische und darüber hinaus eine Dimension traditioneller Sitten und Gebräuche. In der Politik überwiegt das griechische Denken, und obwohl die Vorstellung des Messianismus typisch westlich ist, kommt sie in den slawischen, orthodoxen Gesellschaften stärker zum Vorschein. Im Rechtswesen überwiegt das lateinische Denken, das, über das Christentum vermittelt, von jüdischen Werten durchdrungen ist. In unseren Sitten und Gebräuchen aber, genauer gesagt in der »Moral«, überwiegt die jüdische Ethik. Die Sünde ist ein typisch westlicher Begriff, ein jüdisches Erbe. Unser Glaube als »fides« (Treue) und unsere Werke als Dienst an der Transzendenz sind typisch jüdische Züge. Alle Versuche, die jüdischen Werte zu überschreiten, sind zum Scheitern verurteilt. Im täglichen Leben, in der Beziehung zum anderen und in der Suche nach Glück, sind alle westlichen Menschen Juden. Die Freiheit, die wir westliche Menschen haben, erlaubt uns, entweder Gutes zu tun oder zu sündigen. Es ist wahr, daß zur jüdischen Ethik neue Dimensionen hinzukamen, mit zentraler Bedeutung zum Beispiel die Liebe (zumindest innerhalb der Theorie) und die Gnade. Alle diese neuen Dimensionen sind aber nichts als eine Vervollkommnung im Judentum schon angelegter Entwürfe. Die fundamentale moralische Einstellung des Westens, die sogenannte »christliche Einstellung«, ist eine jüdische Einstellung. Der Westen blieb der jüdischen Ethik treu, obwohl er sie auf neue Niveaus gehoben hat und sie in der Politik und im Rechtswesen durch die Assimilation von griechischem und lateinischem Wissen überholt hat.

In der Ästhetik ist die jüdische Erbschaft weniger fruchtbar. Das existentielle Denken führt aber zur Wiedergeburt der Kategorien der Angst und des Ekels. Die jüdische Reinheit erlebt in diesem Denken ihre Erneuerung als Authentizität, und das Schamgefühl, das wie ein Schatten die Sünde im jüdischen Denken begleitet, ist die Triebfeder zu neuen Anliegen der Existentialphilosophen. Die neue Kunst, die, sei sie »abstrakt« oder »konkret«, im Gefolge von Phänomenologie und Existentialismus auftaucht, ist Ausdruck eines fundamental jüdischen ästhetischen Gefühls.

Judentum als Quelle des Westens

Zusammenfassend kann ich sagen, daß der Westen in vielen Aspekten, insbesondere in seiner Moral, weiterhin jüdisch ist und daß das Judentum fruchtbar bewahrt, durchgreifend erhöht und in diesem positiven Sinn von der Zivilisation, an der wir teilnehmen, überholt wurde. Zum Abschluß möchte ich deshalb noch kurz auf die jüdische Orthodoxie und den Zionismus zu sprechen kommen. Beide wollen den Bindungen der Juden an den Westen Schranken auferlegen, und das Motiv von beiden ist die Suche nach Reinheit. Die Orthodoxie will sie in einer mehr oder weniger mittelalterlichen und der Zionismus in der Gestalt des Nationalismus des 19. Jahrhunderts bewahren. Beide sind infolge ihres emotionalen Engagements bewundernswert, und zugunsten des Zionismus spricht ein praktisches Argument: einen jüdischen Staat als Zufluchtsort und Rückhalt zu gründen. (Der jüdische Staat entstand mit einer Verspätung von 10 Jahren, so daß das nazistische Gemetzel nicht verhütet werden konnte, was den Wert des Arguments schmälert. Daß der jüdische Staat ein paar Jahre nach den Gasöfen zustande kam, ist das schrecklichste Beispiel für tragische Ironie, das die Geschichte kennt.) Die Orthodoxie wie auch der Zionismus sind, wie ich schon sagte, bewundernswert, doch befinden sie sich, meiner Meinung nach, grundsätzlich im Irrtum. Beide betrachten sich als Zentrum und Kern des Judentums, während sie, meiner Ansicht nach, periphere Phänomene sind. Sie setzen die Teilnahme an der westlichen Zivilisation herab, und dadurch schränken sie die universale und kosmopolitische Funktion des Judentums ein. Ich glaube, daß ein glühender Katholik und ein überzeugter Marxist schon längst viel radikaler jüdisch sind als die zwei besprochenen Tendenzen.

Als Weltanschauung und als Lebensentwurf ist das Judentum eine der Quellen (wer weiß, ob nicht die wichtigste) der westlichen Zivilisation. Das Schicksal dieser Zivilisation steht momentan auf dem Spiel, und zwar nicht so sehr infolge äußerer Angriffe als durch die innere Erosion ihrer Werte. Diese Werte aber sind, wie ich zu zeigen versucht habe, zum großen Teil jüdisch. Ich weiß nicht, ob diese Werte bewahrt zu werden verdienen, weil sie nicht nur große kulturelle Schätze, sondern auch Phantasmen und Brutalitäten hervorgebracht haben, deren Opfer mit Vorliebe die Juden selbst waren. Aber als Okzidentaler, der von Juden abstammt, neige ich dazu, mit diesen Werten zu sympathisieren. Ich weiß, daß das Überleben des Judentums vom Überleben des Westens abhängt. Trotz ernster mentaler Vorbehalte engagiere ich mich für den Westen. Mein Standpunkt ist nicht individuell, sondern typisch, und aus diesem Grund erlaube ich mir, diesen Aufsatz den Lesern vorzulegen.

JUDE SEIN (3)
– religiöser Aspekt

DAS JUDENTUM IST DIE QUELLE zweier Universalreligionen: des Islam und des Christentums, zu dem es in engerer Beziehung steht als zum Islam. Für die Christen ist das Judentum sowohl durch dessen innere Dialektik – nämlich durch Jesus und jene, die ihm folgten – als auch durch eine äußere Dialektik – durch das Absorbieren gewisser hellenistischer Elemente – überholt worden. Vom christlichen Standpunkt aus ist nicht zu verstehen, warum sich das Judentum im Christentum nicht aufgelöst hat. Die Juden hätten die ersten sein sollen, die sich zum Christentum bekehrten, und viele haben es tatsächlich auch getan. Daß andere hartnäckig darauf bestanden haben, es trotz Autodafés nicht zu tun, ist für die Christen ein Skandal und eine der Wurzeln des Antisemitismus. Wie ist es möglich, daß das Christentum, das sich als die Religion der Liebe versteht, diejenigen haßt, die sich weigern, auf die gleiche Art zu lieben?

Daß sich die Christen für mehr als nur perfekte Juden halten, scheint kein direktes Problem für das Judentum zu sein. In Wirklichkeit existiert das nach-christliche und das nach-islamische Judentum in Funktion der beiden Religionen, deren Ursprung es ist. Zwischen den drei Religionen gibt es komplexe Beziehungen. Die christlichen Argumente müssen von den westlichen Juden und die islamischen Argumente von den orientalischen Juden ernst genommen werden: nicht nur weil beider Argumente zum Blutvergießen führen, sondern weil sie das ganze Judentum in Frage stellen. Es gibt tatsächlich die Frage: Warum haben sich die Juden nicht bekehrt?

Die Frage scheint heute weniger dringlich zu sein als ehemals. Das Christentum befindet sich in einer Glaubenskrise, und in gewissen Gegenden, wie z. B. Rußland, scheint es sehr stark rückläufig zu sein. Der triumphierende Islam ist dabei, sich in eine rückständige militaristische Ideologie zu verwandeln, die für die Juden nicht sehr einladend ist. Die christliche Welt ist, wie auch die islamische, von fernöstlichen Religionen, die nicht zum jüdischen Erbe gehören, bedroht. Die Frage, warum sich die Juden nicht bekehren, scheint demnach von den Ereignissen überholt zu sein. Eine solche Darstellung des Problems wäre aber nicht richtig.

Es handelt sich ja nicht nur um die Frage, ob die jüdische Hartnäckigkeit existentiell berechtigt ist oder nicht, ob sie das Leiden, das den Juden widerfahren ist und widerfährt, rechtfertigt. In Frage steht, ob die Hartnäckigkeit vom religiösen Standpunkt aus eine Berechtigung hat, weil sie nicht nur die jüdische Religiosität betrifft, sondern die Religiosität in der ganzen Welt, die auf dem Judentum basiert.

Die christlichen Argumente zugunsten der Konversion sind stark. Das Christentum ist effektiv die Überholung des Judentums, weil es viele Aspekte, die im Judentum nur angedeutet sind, artikuliert. Es ist die Überholung des Judentums, weil Jesus, der Gründer des Christentums, tatsächlich ein perfekter Jude ist, und es überholt das Judentum, indem es seine Bedeutung in der Welt verbreitet und den Westen dadurch erobert. Was die Juden selbst betrifft, so haben die christlichen Argumente versagt, weil sie die Essenz des Judentums nicht erfassen. Das Judentum ist als Religion (sollte es im christlichen Sinn eine Religion sein) weder eine Summe von Glaubensartikeln, wie es die Christen verstehen, noch eine Summe von Regeln, wie es viele Juden glauben, sondern das Judentum ist ein ganz spezifisches Erleben des Heiligen. Seinem Wesen nach ist es weder eine Weltanschauung noch eine Moral, sondern es ist die Konfrontation mit dem Anderen. Die christlichen Argumente kommen bei den Juden nicht an. Es sind theologische Argumente, während die Juden alle Theologie mit größtem Mißtrauen betrachten. Die christlichen Argumente berühren aber nicht das, was die Juden in-

Religiöser Aspekt

teressiert: Wie hat man in der Gegenwart des Anderen zu leben?

Die christlichen Argumente beweisen den Juden, daß die Christen Heiden sind und daß sie vom Judentum wenig behalten haben. Es gibt ein jüdisches Aroma in dem, was die Christen sagen, und deshalb ist ein Dialog möglich, doch hat sich das Aroma schon derart verflüchtigt, daß es fast zu einer Karikatur geworden ist. Mit der Objektivierung des Heiligen, mit der Dreieinigkeit, der Auferstehung, der Hierarchie der Heiligen und den Sakramenten, hat sich für die Juden die unerreichbare, unbegreifliche, unvorstell- und unaussprechbare Allgegenwart des Anderen, das Heilige, verflüchtigt.

Es bedarf der Präzisierung: Das Judentum ist nachgiebig, nicht starr. Es gibt das archaische Judentum in der Bibel, das Elemente pro-jüdischer Glaubenslehren enthält, und es gibt das Judentum des Talmuds, das dem Christentum seinen Ursprung gab und in vielen Aspekten den Lehren von Jesus ähnelt. Es gibt das mittelalterliche Judentum, tief vom Christentum beeinflußt, das eine Antwort auf die christlichen und islamischen Argumente gegen das Judentum ist. Heutzutage gibt es diverse Arten des nach-emanzipatorischen Judentums, angefangen mit einem streng orthodoxen bis hin zu dem, was vergeistigter Atheismus genannt werden könnte.

Es gibt Juden, die an verschiedene Dogmen glauben, an die Erschaffung der Welt z. B. und an die Inspiration der Propheten. Das macht sie aber nicht zu religiösen Juden. Es gibt Juden, die sich ganz streng rituell in jeder vorstellbaren Situation benehmen, doch macht sie das nicht zu religiösen Juden. Es gibt Juden, die ihr ganzes Leben dem Studium der Schriften widmen, doch auch das macht sie nicht zu frommen Juden. Ein religiöser Jude ist derjenige, der immer in Gegenwart des Anderen lebt und im anderen Menschen die Gegenwart des Heiligen erkennt. Frommer Jude zu sein ist eine Aufgabe. Es ist, in griechischen Begriffen ausgedrückt, kein Dogma, sondern eine Praxis.

Deswegen haben sich die Juden so hartnäckig gegen

eine Bekehrung gewehrt. Sie haben das Christentum seiner Praxis wegen verurteilt, und nicht der Argumente wegen, die ihnen unwesentlich zu sein schienen. Mit dem Evangelium gesagt: »An ihren Früchten werdet ihr sie erkennen.« Den Juden kommt das Christentum wie eine Lizenz vor, der täglichen Konfrontation mit dem Heiligen zu entgehen – als ob sich das Christentum weigern würde, die fast untragbare Last der Verantwortung in der Konfrontation mit dem Heiligen zu akzeptieren. Mit den Worten meines Cousins David während eines theologischen Seminars: »Glaubt ihr, daß Jesus den unwürdigen Tod am Holz erlitten hat, damit ihr mit dem Autofahren den Sabbat entheiligen könnt?« In der heutigen religiösen Situation, in der sogar die Fundamente der jüdisch-christlichen Religion bedroht sind, ist dies von allergrößter Bedeutung.

Die Gestalt von Jesus, die im Zentrum unserer Kultur steht, ist ein Beispiel dafür, was ich meine. Das ontologische Problem wird bei den Christen mit dem Dogma: Wer ist diese Gestalt? gelöst. Ist er der Messias, der Erlöser, Gottes Sohn, Gott? Für die Juden ist diese Frage einer ganz anderen Frage untergeordnet: Soll ich ihm folgen? Das ontologische Problem verdeckt nur das wirkliche Problem. In jedem Fall ist die Frage, ob Jesus »Gott« ist, falsch, weil wir nie die Bedeutung von »Gott« kennen können. Mit »Gott« ist nie etwas zu definieren, wie es in Formulierungen wie »das ist Gott« vorgegeben wird. Eine solche Definition ist Idolatrie, entheiligt das Heilige. Obwohl die christlichen Argumente die Juden nicht bekehrt haben, haben sie unglücklicherweise die Gestalt von Jesus, den allergrößten der Juden, der die normale Bedingung eines Menschen überholt hat, dem Judentum entfremdet. Die Folgen sind unabsehbar.

Der dem Judentum eigene praktische Aspekt, seine Besessenheit von der Aktion und Passion im Antlitz des Heiligen unter Ausschluß aller theoretischen und dogmatischen Überlegungen, führt zum Absurden. Jede Handlung und jedes Leid werden im einzelnen analy-

Religiöser Aspekt

siert, um formalisiert und geregelt zu werden. Das Judentum kann sich selbst auf ein unbedeutendes Staubkorn reduzieren, auf die Anbetung von Flöhen im Mantel des Torhüters des Gesetzes. Andererseits kann es zum Extrem eines diffusen und enthusiastischen Mystizismus führen; ein Beispiel dafür unter vielen anderen ist der Chassidismus. Hierdurch kann das Judentum zum bloßen Konsum der Heiligkeit schrumpfen. Es kann aber auch zu einem verantwortungsvollen Leben in einer absurden Welt führen, mit der Anerkennung des Heiligen im anderen Menschen.

Die Bedeutung eines solchen, schwer zu beschreibenden jüdischen Fundamentalismus kann in der heutigen Situation nicht genug betont werden. Sollte meine Analyse richtig sein, müßte der Boden des Judentums der gleiche sein wie derjenige des Christentums, nur wäre er dort noch verschütteter. Weder der dogmatische Inhalt des Judentums und des Christentums noch die Riten der Religionen stecken heute in einer Krise, sondern der gemeinsame Boden der Religionen. Infolge der Entdeckungen der Wissenschaften glaubt man den religiösen Dogmen nicht mehr. Das hindert aber viele Menschen – auch wissenschaftlich gut informierte Menschen – nicht daran, die Dogmen zu akzeptieren; je unglaublicher sie sind, desto mehr laden sie dazu ein, die wissenschaftliche Vernunft zu opfern, der man zu mißtrauen beginnt. Was die Riten anbetrifft, so haben sie seit langem ihre magische Aura verloren, die sie ehemals rechtfertigte. Wenn sie heute noch befolgt werden, dann eher, um die Erinnerung an die alte, verlorene Lebensweise zu erhalten, die von vielen der momentanen vorgezogen wird. Die wirkliche Krise der Religiosität liegt aber in unserer Unfähigkeit, Gott im anderen Menschen zu erleben. Es ist die Krise des Vertrauens in den Menschen. Gott ist tot, weil wir weder dem anderen Menschen noch uns selbst trauen. Diese Krise erleben die Christen ebenso wie die Juden. Es handelt sich um eine Krise weder des Judentums noch des Christentums, sondern des Juden-Christentums.

Wenn wir uns des gemeinsamen Bodens des Juden-Christentums bewußt werden, wenn wir das erfassen, was uns von anderen Kulturen unterscheidet, bewerten wir besser die heutige Herausforderung seitens des Fernen Ostens. Ich glaube, daß dasjenige, was unsere Kultur von den anderen unterscheidet, eben dieses Erlebnis des Heiligen im Menschen ist. Wir können das auf mindestens zwei Arten ausdrücken. Entweder Gott ist als Mensch erlebbar, als ein anderer, der zu uns »du« sagt und den wir genauso ansprechen, oder der Mensch ist das einzige Bild Gottes, das wir besitzen. Es handelt sich weder um »Humanismus« noch um »Philantropie«, sondern um die auf dem Heiligen basierende Anthropologie, die älteste jüdische Erbschaft des Westens. Die ganze westliche Kultur, Religionen, Politik, Kunst und Technologie, sind davon durchdrungen, und diese Erbschaft steckt in der Krise. Es wäre das Zeichen für den Verlust unseres Bodens, sollten wir von fremden Kulturen besiegt werden.

Daß wir uns dieses Bodens bewußt werden, bedeutet noch nicht, daß wir ihn konsolidiert haben oder daß eine solche Konsolidierung berechtigt wäre. Es heißt nur, daß wir uns mit allen sich daraus ergebenden Zweifeln als westliche Menschen annehmen. Heute ein religiöser Jude zu sein, bedeutet meiner Meinung nach, diesen jüdisch-christlichen Boden sich selbst und anderen Juden und Christen bewußt zu machen.

14

JUDENTUM ALS RITUALISIERUNG

DAS RELIGIÖSE PHÄNOMEN wird heute unter seinem individuellen (Religiosität) wie unter seinem sozialen Aspekt (Religion) anders studiert als im letzten Jahrhundert. Im 19. Jahrhundert hat man das Phänomen von »außen« betrachtet; Belege dafür sind der Positivismus, für den die Religion eine überholte Phase der Gesellschaft ist, und der Marxismus, für den sie eine Ideologie ist, die der unterdrückten von der herrschenden Klasse aufgezwungen wurde. Heutzutage wird das Phänomen dank des Existentialismus und der Tiefenpsychologie von »innen« studiert. Die Folge davon ist merkwürdig. Pfarrer, Pastoren und Rabbiner neigen dazu, von Geistlichen zu Psychologen, Soziologen, Philosophen und Historikern zu werden. Der Pfarrer, der das Kreuz als einen Archetypus verehrt, der Rabbiner, für den das Kaddisch eine volkstümliche Tradition ist, sind eine neue und merkwürdige Art von Blasphemie. Es ist, als ob aus einem Zauberer ein Theoretiker der Magie werden würde. Die authentische Funktion des Geistlichen ist das Ritual: seine Rolle spielt er im Ablauf des Festes. Der Standpunkt des Theoretikers ist ironisch: er beobachtet das Fest, ohne an ihm teilzunehmen, ohne sich in ihm zu engagieren. Die beiden Standpunkte sind unvereinbar, der Versuch, sie zu vereinen, führt zur Unechtheit des religiösen Phänomens. Die gegenwärtigen ökumenischen Bemühungen, die Religionen durch Verwässerung zusammenzubringen, sind zum Teil Folge jener Inauthentizität. Der vorliegende Aufsatz will zu diesem Thema einige Überlegungen beisteuern.

Die Quellen der jüdischen Religion (so wie aller authentischen Religionen) sind die Mythen. Sobald wir aber etwas derartiges behaupten, schließen wir uns aus der Religion aus, denn wir nehmen einen theoretischen und infolgedessen ironischen Standpunkt ein. Das Eingeständnis des mythischen Ursprungs des Judentums setzt einen Blick von außen auf das Phänomen voraus, wie groß auch unsere Demut und Ehrerbietung vor diesem Mythus sein mag. Der Standpunkt eines authentischen Juden wäre ein anderer. Er würde den mythischen Ursprung aller Religionen bis auf die jüdische zugeben und darauf bestehen, daß eben gerade die Tatsache, daß das Judentum keinen mythischen Ursprung hat, aus ihm die echte Religion macht. Die Unkenntnis des mythischen Charakters der Religion (Unkenntnis im Sinn von »ich weiß nicht«, »ich will nicht wissen«) ist Zeichen für die Authentizität eines Glaubens.

Mythen sind Enthüllungen des Verborgenen. In ihnen erscheint das Verhüllte, das Heilige. Sie sind Hierophanien. In den jüdischen Mythen erscheint das Heilige als Gott. Sie sind Theophanien. Gott enthüllt sich in diesen Mythen mit bestimmten, unverkennbaren Merkmalen. Er ist unsichtbar aber hörbar. Er ist ewig, doch wirkt er innerhalb der Geschichte. Er hat die phänomenale Welt erschaffen, übersteigt die Welt, was nicht verhindert, daß er kontinuierlich auf sie Einfluß nimmt. Er ist an den Taten und Leiden der Menschen, insbesondere der Juden, sehr interessiert. Er leugnet die Authentizität jeder Hierophanie, bis auf die jüdische. Der authentische Jude wird sagen: So ist Er. Vom theoretischen Standpunkt aus enthüllt Er sich durch die Mythen des Judentums.

Mythen sind Geschichten, Berichte von Ereignissen, sie sind aber keine Geschichte im chronologischen Sinn. Den genauen Zeitpunkt der Erschaffung der Welt zu bestimmen oder die Arche Noah zu finden, sind keine Fragestellungen, mit denen sich die Religion befaßt. »Die Bibel hat Recht«, ganz unabhängig von diesen Nachforschungen. Im Gegenteil, sollte der Stab von Moses gefunden werden, wäre das keine Stärkung des Mythus, sondern sein Ende. Den Stab dem Karbontest zu unterwerfen, ist keine Prüfung durch den Glauben.

Judentum als Ritualisierung

Die Wirklichkeit eines Mythus, seine ontologische Ebene, ist nicht die Wirklichkeit der phänomenalen Ebene, obwohl er, auf schwer definierbare Weise, an sie gebunden ist. Diese Bindung ist das »Wunder«, ein Riß, ein Spalt innerhalb der soliden Welt der Naturphänomene. Wir neigen heute mehr als frühere Generationen dazu, Wunder anzuerkennen, weil wir den Glauben an die Solidität der Welt verloren haben. Diesen Riß, den wunderbaren Spalt in der Welt der Phänomene werden die Archäologen nie finden, was sie für die Religion ganz uninteressant macht.

Die Wahrheit des Mythus ist nicht historisch, sonders existentiell. Der Mythus ist nicht wahr, weil er sich »ein Mal« abgespielt hat, sondern weil er sich immer wieder abspielt. Archäologisch ist die Befreiung aus Ägypten nicht nachgewiesen worden, aber jedesmal, wenn wir den Seder* feiern, erleben wir sie von neuem. Am Seder befreit Gott uns, und keine Gruppe von neolithischen Hirten. Wer ist dieses Wir, das jährlich das Wunder der Befreiung erlebt? Es sind diejenigen, die am Ritual des Festes teilnehmen. Innerhalb des Festrituals wiederholt sich der Mythus immer wieder, und seine Wahrheit wird immer von neuem bewiesen. Das Ritual ist nicht ein Aspekt der Religion, sondern es ist die Religion selbst, und an ihm teilzunehmen, ist nicht ein Aspekt der Religiosität, sondern diese selbst. Das Leben eines authentischen religiösen Juden ist ein einziges Fest, und jede seiner Handlungen ist eine rituelle Handlung, die organisch zu dem großen Ritual, das das Judentum ist, gehört. Es ist ein Fest zum Lob Gottes, so wie Er sich enthüllt hat, und dank der Riten, die Er uns befolgen hieß. Es ist ein Fest, an dem jeder Jude, vom Morgengrauen bis zum Sonnenuntergang, von der Geburt bis zum Tod und vielleicht über den Tod hinaus, teilnimmt. Alles andere, der Versuch, die Religiosität zu »verinnerlichen«, sie zu »moralisieren«, zu modernisie-

---

*hebr. »Ordnung«: erster Abend des Pessach-Festes, an dem des Auszugs aus Ägypten gedacht wird.

ren und zu liberalisieren, ist leeres Gerede, dazu bestimmt, den vermeintlichen Kern des Judentums innerhalb einer Welt zu retten, die sich im Zuge der Technisierung der Befolgung des Rituals entgegenstellt.

Das Judentum ist ein rituell festlicher »way of life«. Diese Lebensweise mit tausend und einem Ritus muß gelernt werden, und in der Tat wird ein großer Teil der jüdischen rituellen Tätigkeit »Lernen« genannt. Das Befolgen des »Lernens« beleuchtet den Charakter des Festes. Es geht nicht so sehr um eine Kritik der Schriften, und noch weniger darum, diese zu überholen (so wie Wissenschaften und Philosophie gelernt werden), sondern darum, so viele Riten wie möglich zu assimilieren, damit sie zu konditionierten Reflexen werden. Die Riten des jüdischen Festes gehen mit dem Lernen dem Gläubigen in Fleisch und Blut über. Die Monotonie der Stimme und der mechanische Charakter der Bewegungen, die das »Lernen« begleiten, belegen, daß das Ziel der Übungen die Konditionierung ist. Je konditionierter der Teilnehmer dem Fest beiwohnt, desto vollständiger nimmt er an ihm teil. Der jüdische »way of life« ist konditioniert, und man kann sich nicht von einem Tag auf den anderen entschließen, »Jude zu sein«. Der Prozeß der Konditionierung kommt nie zum vollständigen Abschluß. Niemand kann ein so guter Jude sein, daß er sich nicht noch verbessern könnte. Andererseits steigert die Teilnahme an den rituellen Tätigkeiten ohnehin schon, beinahe automatisch, die Vervollkommnung, so daß das jüdische Leben ein kontinuierliches Streben nach Verfeinerung ist, ein kontinuierliches Streben nach Perfektion, ein Fest zum Lob Gottes.

Das Leben eines Juden ist ein Fest, bei dem die Mythen des Judentums ritualisiert werden. Es ist demnach ein Fest, das aus einem Zyklus von Festen besteht, welcher seinerseits zu einem zyklisch organisierten Leben führt. Der Tag ist ein Zyklus von Festen, also ein Zyklus von festgelegten Ritualen. Die Woche ist ein Zyklus, der vom Sabbat, dem Fest der Feste, gekrönt wird. Der Monat ist ein eigener festlicher Zyklus, der innerhalb des

Judentum als Ritualisierung

Zyklus seinen individuellen festlichen Charakter gewinnt. Selbst das Leben, dieses riesige Fest, das mit der Beschneidung beginnt und mit dem Fest der Beerdigung endet, ist nur ein festlicher Zyklus dessen, was das jüdische Volk ausmacht. Problematisch allerdings ist, daß alle Festzyklen, die die jüdische Religion bilden, nichts als Epizyklen auf der Geraden sind, die das große Fest des jüdischen Volkes ist. Dieses Fest wird sich nicht wiederholen, es ist unwiderruflich. An jedem Samstag feiert der Jude die Schöpfung der Welt, als ob an jedem Samstag die Welt von neuem geschaffen würde. Mit jeder Beschneidung feiert der Jude das Bündnis zwischen Gott und seinem Volk, als ob mit jeder Beschneidung das Bündnis von neuem geknüpft würde. Aber das Fest des jüdischen Volkes wird die Schöpfung der Welt und das Bündnis nicht wiederholen, sie sind vollendet. Obwohl die jüdische Religion in ihren Riten zyklisch ist, was ihr mythisches Fundament betrifft, ist sie linear und infolgedessen eine Heilsreligion. Der Widerspruch zwischen der Zirkularität des festlichen Lebens und der Linearität der messianischen Zeit charakterisiert nicht nur die jüdische Religion, sondern die gesamte »westliche Zivilisation«, die zum Teil eine Folge des Judentums ist. Die westliche Zivilisation kann als eine andere (man könnte sagen, häretische) Ritualisierung der jüdischen Mythen, unter Einschluß anderer Mythen, angesehen werden. Die erwähnte Problematik, der Widerspruch zwischen der zirkulären und der linearen Zeit, erscheint in der modernen Physik als Widerspruch zwischen den reversiblen Prozessen und der Entropie, um nur ein Beispiel zu nennen.

Ich habe gesagt, daß es am Sabbatfest so ist, »als ob« die Welt von neuem geschaffen würde. Das Fest hat also einen repräsentativen Charakter, ohne aber Theater zu sein. Der Schauspieler, der den Hamlet darstellt, befindet sich nicht in der gleichen existentiellen Situation wie der Jude, der so tut, als ob er aus Ägypten befreit würde. Der Jude identifiziert sich mit seiner Rolle, der Schauspieler hingegen wahrt die Distanz. Der Jude ist konditioniert, der Schauspieler hingegen wählt seine Rolle. Der Jude ist sich seiner Rolle innerhalb der Darstellung nicht bewußt, der Schauspieler aber vergißt nie, so sehr er sich auch mit seiner Rolle identifiziert, die Tatsache, daß er darstellt. Das ist die Authentizität des Juden. Mit dem Theoretisieren der Religion, von dem ich anfangs gesprochen habe, wird das Fest zum Theater, weil es den darstellenden Charakter des Festes bewußt macht. Von dem Moment an weiß der Teilnehmer, daß er darstellt, und der Mythus verflüchtigt sich. Die Handlungen des Teilnehmers am Fest verwandeln sich von Riten (Mizwot) in Gesten, und der Gehalt der Darstellung kann ästhetisch und ethisch, aber nicht religiös überdauern. Die Darstellung kann von klassischer Musik begleitet sein, die Zehn Gebote können ethisch erhaben rezitiert werden, doch wird das eine Theatervorstellung und kein religiöses Fest ergeben.

Die Verwandlung des religiösen Festes in eine Theatervorstellung, der rituellen Handlung in eine theatralische Geste, ist kein umkehrbarer Prozeß. Sobald einmal die religiöse Unschuld verloren geht, der Mythos als solcher aufgedeckt wird, kann, welche Anstrengungen auch immer unternommen werden und welche Pietät auch immer geübt wird, der Glauben und das Gefühl des »Behaustseins« (Heidegger) nicht wiedergewonnen werden. Die existentielle Situation des Gläubigen, desjenigen, der sich mit seiner Rolle innerhalb des Festes identifiziert, ist eben dieses Gefühl der Geborgenheit. Wer den Glauben verloren hat, ist dem Verhüllten ungeschützt ausgesetzt. Mit Rilkes Worten ist auch das ein »Wagnis«: es ist auch eine authentische Situation.

Die Tatsache, daß das Judentum eine Reihe von schönen Festen ist und daß die rituellen Handlungen des Judentums ethisch lobenswert sind, ist rein zufällig und hat nichts mit dem Judentum als Religion zu tun, mit der göttlichen Offenbarung. Die Offenbarung können wir weder ästhetisch erleben, noch können wir über ihre Ethik nachdenken, einzig und allein, indem wir rituell am Fest teilnehmen, können wir sie erleben. Und auch nur, wenn wir dafür konditioniert sind, nicht theoretisch, nicht ironisch degagiert. Ansonsten bleibt uns nur die Sehnsucht, fürchte ich.

VOM JÜDISCHEN RITUS
Eine Überlegung zur Essenz des Judentums

DERJENIGE, DER DIES SCHREIBT, ist vom jüdischen Ritual so weit entfernt, daß er sogar die Daten der großen Feste vergißt. Nichtsdestoweniger konfrontiert er sich existentiell mit dem Problem seiner jüdischen Identität, weil er nicht nur durch äußere Gründe, durch Israel und den neu aufkommenden Antisemitismus dazu herausgefordert wird, sondern das undefinierbare innere Bedürfnis hat, sich identifizieren zu müssen. Dieser Aufsatz wird also versuchen, das auszudrücken, was nach der schmerzlichen Konfrontation mit diesen Problemen festgestellt wurde. Es ist folgendes: Essentiell ist das Judentum eine rituelle Lebensweise (in der Bedeutung sui generis des Wortes Ritus), und alles andere, wie »Religion«, »Volk«, »Kultur« oder »Schicksalsgemeinschaft«, sind nichts als Worte, die das Wesen des Judentums verdecken.

Damit das Wesen des Judentums tatsächlich zum Vorschein kommt, muß das irreführende Etikett »Religion« vermieden werden. »Religion« ist eine römische Kategorie, die das Christentum aufgenommen hat und die dem Judentum total fremd ist. Sie war in Rom das Bindeglied zwischen den Menschen und Romulus und wurde später zum Bindeglied der Menschen mit allen Göttern; dadurch wurde der Mensch zum römischen Bürger. Aus der Verbindung mit Romulus entstand die Stadt: eine religiöse Gemeinschaft. Das Bindeglied zwischen den Menschen und Romulus ist öffentlich, doch wird es durch den »Glauben«, im römischen Sinn des Wortes, verinnerlicht. »Fidem rectumque colebant« – diese Sentenz, im übertragenen Sinn verstanden, läßt uns den Glauben im römischen Sinn des Wortes begreifen: sie haben den Glauben und das Rechte geerntet und kultiviert. Glaube ist Zurückgezogenheit aus dem Öffentlichen ins Private, die verinnerlichte Religion. Als das Christentum römisch wurde, hat es das übernommen. Jetzt bedeutet »Religion« die Bindung des Menschen an Christus und dadurch an Gott. Glaube ist die Verinnerlichung dieser Bindung. Christ ist, wer in seinem Innern an der Gemeinschaft teilnimmt, die durch ihren Glauben mit Christus verbunden ist. Wenn also von »jüdischer Religion«, von »jüdischem Glauben«, von »jüdischem Kult« gesprochen wird, dann verliert sich das Wesen des Judentums, und kein authentischer Jude wird sich in diesen Kategorien wiedererkennen.

Um die Essenz des Judentums zu begreifen, muß man die explizite und implizite jüdische Auffassung des Heidentums kennen. Im Heidentum ist, radikal verkürzt gesagt, das Leben Suche nach Belohnung und Flucht vor Strafe; Opfer werden belohnt und Verbrechen bestraft. Charakterisiert ist ein solches Leben dadurch, daß jede Handlung mit einem Wert belastet ist. Leben bedeutet, sich in einer Welt zu bewegen, die voller Götter ist. Mit jeder Bewegung stößt der Mensch gegen einen Gott. Jeder Gott rächt sich für die Störung, wenn er nicht versöhnt wird. Die Rache des Gottes wird die Ordnung wiederherstellen. Das Opfer wird die Strafe vorwegnehmen. Die Welt wird hierdurch immer wieder ins Gleichgewicht kommen. Das ist die Welt der ewigen Wiederkehr, die Welt voller Werte. Das Leben in einer solchen Welt ist zirkulär und beängstigend. Dem Leben wird durch die Welt Bedeutung verliehen, und zu leben heißt, diese Bedeutung zu enthüllen: Magie.

Mit einem Schlag zerreißt das Judentum diese Welt und revolutioniert das Leben. Indem es die Ewigkeit der Welt leugnet und ihre Erschaffung ex nihilo postuliert, bekommt die Welt eine Geschichte. Ein Vakuum wird geschaffen, der Sabbat, das offene Fenster zum Transzendenten, wodurch die Kompaktheit der Welt verneint wird. Indem es den Menschen obliegt, »Namen« zu geben, welche die Dinge der Welt bedeuten, wird geleugnet, daß die Welt die Bedeutung gibt. Das Judentum revolutioniert das Leben, es geht aber nicht spekulativ vor, in Entsprechung zu irgendeiner Kosmologie, die das heidnische Modell ersetzen würde.

Die Welt wird geschichtlich, öffnet sich und hört auf Bedeutung zu haben, weil eine kleine Gruppe von Menschen durch das Judentum revolutioniert wurde. Im Grunde verdankt sich die Veränderung des Lebens einer revolutionären Neu-Interpretation des magischen Ritus. Aus der rituellen Geste des Opfers, durch das die beleidigten Götter beschwichtigt werden, wird eine absurde Geste, eine Geste, die nichts bezweckt. Eine sinnlose, nach einem strengen Vorbild ausgeführte Geste, die zu nichts dient. Eine höchst praktische Geste, deren Praxis ohne Zweck ist. In dem Maß, im dem das Leben bis in die kleinsten Details von diesem Ritus strukturiert wird, explodiert die ewige, kompakte Welt des Heidentums. Der jüdische Ritus vertreibt die Götter aus der Welt. Das Modell für die Verwandlung des magischen Ritus in den jüdischen Ritus ist das Opfer Isaaks, das zurückgewiesene Opfer, das nach keiner Belohnung strebt. Abraham ist für das Judentum der Vater des »Glaubens« in einem anti-römischen Sinne, Modell für ein absurdes Verhalten.

Jeder Jude, der rituell lebt, engagiert sich für eine permanente Revolution, weil sich das Heidentum immer wieder etablieren will. Die Welt neigt immer von neuem dazu, sich zu verewigen, sich zu schließen und voller Bedeutung zu werden, weil Menschen laufend nach Belohnung streben und der Strafe entkommen wollen. Das Heidentum um uns herum nimmt fortwährend neue Formen an, wie es z. B. das Christentum, der Humanismus, die Wissenschaft, der Kapitalismus, der Sozialismus sind. Das Schlimmste ist, daß selbst die Juden belohnt werden wollen und fürchten, bestraft zu werden. Gott, der ganz Andere, wird zu einer heidnischen Gottheit, die belohnt und straft. Das jüdische rituelle Leben ist die revolutionäre Antwort auf alle Formen des Heidentums, zu allen Zeiten und überall.

Das geradlinige, absurde, zum Tod hin offene Leben anzunehmen, heißt jüdisch zu leben und bedeutet eine

Vom jüdischen Ritus

beinahe übermenschliche Leistung. Es ist schwer, der Versuchung zu widerstehen, dem Ritus eine Bedeutung zu geben, seine Grundlosigkeit zu leugnen, ihn vernünftig »erklären« zu wollen und dem Absurden auszuweichen. Noch schwerer ist es, den Tod als den absurden Horizont des Lebens anzunehmen. Es liegt eine große Versuchung darin, den Tod zu verkleinern, ihn als Ende des Lebens oder als Durchgang in ein anderes Leben anzusehen. Nur wer ganz im Ritus integriert ist, wird in flüchtigen Augenblicken verhüten können, seine Handlungen zu rationalisieren, auf einen friedlichen Tod und eine himmlische Belohnung zu warten. Nur ein solcher Mensch entgeht, für Momente, dem Heidentum.

Das jüdische rituelle Leben hat die Götter aus der Welt vertrieben und zusammen mit ihnen alle Werte. Von nun an werden die Werte anderswo sein. Für die Heiden sind sie in der Welt: Gut ist, was für etwas »gut« ist (z. B. in den Himmel führt) und »schlecht« ist, was bestraft wird (z. B. in die Hölle führt). Im Judentum sind die Werte anderswo: »Gut« ist, was an sich gut ist, die gute Handlung strebt nach nichts, sie ist »ihre eigene Belohnung«, und »schlecht« ist, was schlecht an sich ist, nur Schlechtigkeit sucht. Das ist der Unterschied zwischen dem Verbrechen und der Sünde: Die verbrecherische Handlung zielt auf eine ungerechte Belohnung und wird bestraft; die sündhafte Handlung ist eine Handlung aus purer Freude an der Schlechtigkeit. Solche »absoluten«, »transzendenten« Werte, die zu nichts gut sind, sind absurd. Es ist beinahe unmenschlich, mit solchen Werten zu leben – gut zu handeln, ohne Belohnung zu erwarten, und ohne die Androhung von Strafe das Schlechte zu vermeiden.

Seinem Wesen nach erfordert das Judentum ein beinahe übermenschlich schweres Leben. Die Schwierigkeit, unüberwindlich für die Reflexion, verschwindet mit der Praxis, sobald der Ritus angenommen wird. Ich halte es allerdings für unmöglich, sich aus freien Stükken für eine solche Praxis zu entscheiden. Daß sich nach derartigen Überlegungen jemand entschließen sollte, rituell zu leben, scheint ausgeschlossen zu sein. Das absurde Leben kann nicht freiwillig gewählt werden. Es kann nur jemand so leben, der in einen solchen Kontext hineingeboren wurde. Ich mißtraue den »Gesprächen«, die heutzutage »en vogue« sind: Man kann das Absurde nicht wählen. Das fundamentale Problem der Identifikation mit dem Judentum scheint mir zu sein, daß das Judentum nicht gewählt werden kann, und sollte es doch dazu kommen, hätte die Identifikation wahrscheinlich den Beigeschmack von Inauthentizität. Ich kann mich selbstverständlich mit dem jüdischen »Volk« identifizieren, mit der jüdischen Kultur, dem jüdischen »Schicksal«, ich kann mich auch mit Israel identifizieren und sogar mit der jüdischen »Religion«, wenn ich sie als eine Art Christentum ansehe. Aber all dies wird, meiner Meinung nach, leer und fundamental unjüdisch, sollte es nicht zur Identifikation mit dem rituellen jüdischen Leben führen, und das scheint unmöglich zu sein.

Indessen mag es nützlich sein, sich an die Essenz des Judentums, wie ich sie hier geschildert habe, zu erinnern. Es hilft den Antisemitismus zu verstehen, der die Kompaktheit und Bedeutung der Welt verteidigt, die vom Judentum bedroht sind. Es hilft die Inauthentizität der meisten heidnischen Juden zu verstehen, die ein Judentum verteidigen, das essentiell anti-jüdisch ist. Und es hilft zu verstehen, was wir verloren haben, indem wir uns vom jüdischen Wesen entfernten (oder von ihm entfernt wurden): die spontane Freude, absurd zu leben.

3. Teil

ODI ET AMO

16

VOM FREMDEN

WANN IMMER WIR Daseinsfragen stellen, stoßen wir auf das Fremde. Wer bin ich? Wo bin ich? Woher komme ich? Wohin gehe ich? – all dies sind Fragen, welche das mir Fremde befragen. Identität und Differenz können nicht getrennt in Frage gestellt werden. Eine wahre Flut von Literatur behandelt dieses Thema. Aber das Thema ist unerschöpflich. Unerschöpflich, weil die Krise der Identität permanent ist. Sich identifizieren ist, immer wieder, in eine Krise geraten. Denn sich identifizieren ist, sich von einem anderen unterscheiden, den anderen diskriminieren. Die Worte »Krise«, »Kritik«, »Kriterium« und »crimen« stammen alle von einer Wurzel, welche »Unterschied machen« bedeutet. Daher ist Identität Folge einer Krise, einer Kritik, eines »Verbrechens« im genauen Sinn dieses Wortes. »Wer bin ich?« ist eine kriminale Frage.

In der Literatur wird der kriminelle Aspekt der Selbstbestimmung nicht hervorgehoben. Es wird gewöhnlich nicht betont, daß Behauptungen wie »Ich bin ein Vater, ein Deutscher, ein Christ« verbrecherisch sind. Es sieht so aus, als gäbe es eine stillschweigende Verschwörung, dieses Verbrechen zu verdrängen. Nun ist ein Buch erschienen, »Le Bouc Émissaire«, von René Girard*, welches diese kriminelle Seite der Selbstbestimmung lüftet. Es handelt davon, wie sich Gesellschaften und einzelne identifizieren. Es handelt von der Diskrimination des Fremden. Eine Lektüre, die erschüttert.

Dies ist die These: Jede Gesellschaft (und jeder Mensch) ist Krisen unterworfen. Die Krisen – zum Beispiel Seuchen, Trockenheiten, Erdbeben – lösen die

---

*»Der Sündenbock«, Paris 1982: Grasset

Ordnung auf, welche die zwischenmenschlichen Beziehungen regelt. Die Gesellschaft verwandelt sich in eine formlose Menge. Alle Unterschiede verschwinden: Eltern fressen Kinder, Söhne vergewaltigen Mütter, Menschen paaren sich mit Tieren. Wo die Unterschiede verschwinden, verschwinden auch die Identitäten. Niemand weiß, wer er ist und wo sein Platz ist. In einer derartigen kritischen Lage ist es sinnlos, nach der Ursache der Krise zu fragen. Es wäre kein Vorteil, wenn man den Erreger der Seuche aufdecken könnte; die Auflösung der Gesellschaftsordnung erlaubt nicht, die Ursache zu bekämpfen. Nötig ist, einen für die Krise Schuldigen zu finden. Die Masse kann sich dann auf diesen Schuldigen stürzen. Durch diesen Massenmord wird die Krise überwunden; denn der Schuldige ist derjenige, der sich von der Masse unterscheidet. Und sobald der Unterschied hergestellt ist, wird es wieder möglich, sich zu identifizieren. Der Massenmord ist die Grundlage einer neuen Ordnung.

Dies verleiht dem Schuldigen, dem Fremden, dem »Sündenbock«, jenen Zwittercharakter, der allem Heiligen eignet. Als Schuldiger für die Krise, das Chaos, ist der Sündenbock teuflisch, und als Gründer der neuen Ordnung, des Kosmos, ist er göttlich. Der Fremde ist heilig, weil er mich verneint und zugleich mir erlaubt, daß ich mich bejahe. Laut René Girard ist dieser Zwittercharakter des Heiligen, des Fremden, die Grundlage überhaupt alles religiösen Erlebens. Alle Mythen, von den primitivsten bis zu denjenigen, welche in den gegenwärtigen Ideologien wirken, verbergen in ihrem Kern den Sündenbock. Sie sind alle »Sündenbockmythen«. Mythen der Selbstbestimmung.

Aber man muß die Mythen und Ideologien erst kritisieren, will man den Sündenbock aus ihrem Kern herausschälen. Sie selbst sprechen nicht vom Sündenbock, vom unschuldigen Opfer, im Gegenteil: Sie sprechen, alle, vom schuldigen Fremden, und zwar von einem Fremden, an dessen Schuld niemand, auch er selbst nicht, zweifelt. Ödipus erscheint im Mythus nicht als

Vom Fremden

Sündenbock, sondern als jener, der die Pest in Theben verschuldet hat, weil er mit seiner Mutter geschlafen und seinen Vater umgebracht hat. Und er tat dies, weil er sich von den Thebanern unterschied, ein »Fremder« war: er hinkte. Nicht also der Mythus selbst, sondern erst die Kritik erkennt den Sündenbock im Mythus. Das gilt für alle Mythen: für die afrikanischen, die indischen, die germanischen, die mexikanischen ebenso wie für jene, die unsere eigenen Taten und Erlebnisse motivieren.

Als Beispiel für den Mechanismus des mythischen Denkens führt der Autor die »Erklärung« an, welche Guillaume de Machaut für die Pest des 14. Jahrhunderts bietet. Die Schuldigen an der Pest sind die Juden: sie haben die Flüsse vergiftet. Es gab im 14. Jahrhundert nicht genug wirksame Gifte, um Flüsse verseuchen zu können. Nach dem Ausmorden der Juden ließ die Seuche nicht nach, sondern verstärkte sich. Die Juden selbst sind, wie alle anderen, von der Seuche befallen. Dies alles war Guillaume de Machaut bekannt, aber es hinderte ihn nicht im geringsten, seine Erklärung der Pest beizubehalten. Denn, was er erklärt, ist nicht die Ursache, sondern die Schuld für die Seuche. Er »lügt« nicht: er denkt mythisch-ideologisch. Erst der Geschichtskritiker erkennt in den Juden Machauts den Sündenbock; denn der Kritiker denkt kausal, unmythisch. Die Frage des Autors ist: Was befähigt den Kritiker, unmythisch zu denken?

Bevor er zur Beantwortung dieser Frage übergeht, gibt er etwas anderes zu bedenken. Es sieht so aus, als ob Machaut keine Verantwortung für den Judenmord hätte, denn er denkt eben nicht kausal, sondern mythisch. Das ist ein Irrtum. Machaut, die Thebaner, die Mexikaner sind Kriminelle, die das Bewußtsein von ihrem Verbrechen vor sich selbst und den anderen vertuschen. Das mythische Bewußtsein ist ein kriminelles Bewußtsein. Der Beweis dafür ist die Geschichte der Mythen; denn Mythen sind nicht starre Gebilde, sondern sie verändern sich, sie haben eine Geschichte. Und zwar entwickeln sie sich alle in die gleiche Richtung. Sie vertuschen den Massenmord am Sündenbock, den sie ursprünglich besingen. Im ursprünglichen Mythus wurde Romulus von der Masse ermordet, im späteren verschwand er in den Wolken. Im ursprünglichen Mythus wurde Baldur von der Masse ermordet, im späteren starb er an einem Unfall. Ursprüngliche Mythen (Kronos usw.) sind blutrünstig, spätere sind durch eine poetische und ästhetische Zensur gegangen. Dasselbe gilt für Riten, diese Inszenierungen der Mythen. Die herzzerfleischenden Riten der Mexikaner sind ursprünglicher als die Riten der klassischen Griechen. Das mythische Bewußtsein hat ein schlechtes Gewissen, und diejenigen Ethnologen, welche die »reinen Wilden« verteidigen, tun dies, weil sie selbst an schlechtem Gewissen leiden. Wir alle leiden daran, denn wir wissen alle, daß wir, um uns selbst behaupten zu können, einen unschuldigen Fremden hingemordet haben.

Und doch ist die Verantwortung eines Machaut (und eines Hitler) für den Fremdenmord eine andere als diejenige der Thebaner und Mexikaner; denn Machaut (und Hitler) können das Bewußtsein vom hingemordeten Sündenbock nicht ebenso verdrängen wie Thebaner und Mexikaner. Sie besitzen dafür ein Modell, welches dieses nicht zuläßt: das Christentum. Die Evangelien sind das direkte Gegenteil von Mythen: sie sind Antimythen. Sie sind Kritik an Mythen. Während die Mythen die Schuld des Opfers behaupten, behaupten die Evangelien seine Unschuld. Da aber die Mythen von der Unschuld des Opfers wissen (denn sie verdrängen sie ja), so sind die Evangelien die Offenbarung dessen, was die Mythen verdecken. Die Absicht des Christentums ist, durch Offenbarung des in den Mythen Verdeckten die Mythen zu zerstören – das mythische Bewußtsein durch ein anderes zu ersetzen. Machaut (und Hitler) sind dank des Christentums fähig, unmythisch zu denken, und doch handeln sie mythisch.

Die christliche Botschaft dringt nur zögerlich ins Bewußtsein. Wir handeln alle immer noch mythisch: wir

Vom Fremden

schieben die Schuld auf den anderen, um uns selbst behaupten zu können. Zugleich können wir unsere mythischen Verbrechen jedoch auch christlich kritisieren. Dies eben verleiht der Gegenwart die sie kennzeichnende innere Spannung: Je schlechter unser Gewissen wird, desto grausamer werden unsere Verbrechen.

Ein Beispiel beleuchtet diese unsere innere Dialektik: Wir versuchen, das Christentum selbst zu re-mythisieren. Wir behaupten, die Juden hätten Christus gekreuzigt. Dadurch hoffen wir, eine mordende Masse in ein schuldiges Opfer verwandeln zu können. Aber wir sind uns dabei bewußt, das Christentum in sein Gegenteil verkehrt zu haben. Die Evangelien sagen, daß »alle« Christus gekreuzigt haben und immer wieder kreuzigen und daß dabei »niemand« weiß, daß er schuldig ist. Die Behauptung, Christus sei von den Juden gekreuzigt worden, ist eine Kreuzigung Christi, und das wissen wir, wenn wir die Juden ermorden.

Ich fasse die These des Autors zusammen: Es gibt »ursprüngliche«, chaotische Situationen, in denen alle Unterschiede verschwinden. In solchen Situationen sucht man das Fremde, das Unheimliche, den Sündenbock, um einen Unterschied setzen zu können. Wir suchen nach einem Ungeheuer. Diese Suche macht sich jede Anomalie dienstbar: Hinken, Haarfarbe, fremde Sprache. Haben wir einmal den Unterschied gesetzt, so können wir uns identifizieren. Der Sündenbock ist das Abnorme, Enorme, und wir selbst sind die Norm. Die Spannung jedoch zwischen Differenz und Identität führt zur Heiligung des Fremden. Es ist zugleich die Zerstörung und die Gründung der Ordnung. Alle Religiosität vor dem Christentum ist Heiligung des Fremden, des »ganz Anderen«.

Das Christentum entheiligt den Fremden, indem es ihn als Sündenbock ausweist: als Osterlamm, als »Träger der Sünden«. Es tut dies, indem es die dialogische Funktion der Identifikation aufweist: Wir identifizieren uns immer als die Fremden des Fremden. Der Fremde ist nicht ein »Es«, ein Objekt, das sich von uns unterscheidet und darum erlaubt, daß wir uns identifizieren. Sondern der Fremde ist ein »Du«, das uns mit »du« anspricht und dadurch erlaubt, daß wir uns selbst »ich« nennen können. Das Christentum ersetzt die Verfolgung durch den Dialog, den Haß durch Liebe. Nicht der Fremde ist heilig, sondern das dialogische Verhältnis ist heilig. Damit eröffnet das Christentum den Weg für das unmythische, kausale, wissenschaftliche Denken und für die Fähigkeit, Mythen und Ideologien zu kritisieren. Wir haben gerade erst begonnen, diesen Weg zu beschreiten.

»DOSTOJEWSKIJ UND DAS JUDENTUM«

UNTER DIESEM TITEL ist ein aufregendes Buch von Felix Philipp Ingold* erschienen. Aufregend aus zwei Gründen. Erstens ist es dem Autor gelungen, durch eine genaue Lektüre der dostojewskijschen Texte in ihrem Kontext jenen surrealistischen Fanatismus aufzuweisen, zu dem der Antisemitismus tiefer religiöser Menschen führen kann. Und zweitens hat der Autor versucht, Dostojewskij gegen die Anklage des Antisemitismus zu verteidigen, indem er auf dessen Affinität zum Judentum hinwies. Was aber bei diesem Versuch herauskam, ist das Gegenteil des Beabsichtigten: Ingold hat nämlich gezeigt, daß der Antisemitismus gerade ein Ausdruck einer solchen Affinität ist. Ich werde in diesem Aufsatz der Versuchung widerstehen, den ersten Aspekt des Buchs zu besprechen – obwohl diese Versuchung groß ist. Ingold zeigt nämlich, wie bei einem so tiefen Denker, wie Dostojewskij es war, sich die Vernunft, die Ehrlichkeit und das Engagement für edle Werte ins Gegenteil verkehren. Wie sie in den Dienst der Unvernunft, der Lüge und der Unmenschlichkeit treten. Und wie sie dies tun, gerade weil Dostojewskij versucht, in die Tiefen des Dunkels und der Dumpfheit zu tauchen, um sie zu bergen. Ich werde also der Versuchung widerstehen, Dostojewskijs Reise in den Abgrund des Judenhasses (und des Selbsthasses) zu begleiten. Eine Reise, die mit dem Antisemitismus seiner Zeitgenossen nur den pamphletischen Diskurs gemein hat. Dostojewskijs Antisemitismus verhält sich zu dem der deutschen Kleinbürger etwa wie das Christentum der Theresa von Avila zu dem amerikanischer Sekten. Ich werde dem widerstehen und diesen Artikel auf die Be-

---

*Frankfurt am Main 1981: Insel Verlag

trachtung des zweiten Aspekts des Buches beschränken, weil dabei den Leser ein Schwindel ergreift, angesichts dessen der erste Aspekt in den Hintergrund tritt.

Ingold zeigt, daß für Dostojewskij das Judentum vor allem ein religiöses Problem ist, und nur in zweiter Linie auch ein wirtschaftliches, soziales, politisches und kulturelles. Die Juden sind ihm vor allem ein Gottesvolk, ein Licht der Völker. Und das ist eine für ihn unerträgliche Einsicht, und zwar in zweierlei Hinsicht: einmal, weil sie seinen Glauben in Frage stellt, die Russen seien die Träger des Heils der Menschheit, und zum anderen, weil sie unvereinbar ist mit der konkreten Erfahrung Dostojewskijs mit Juden. Die bloße Existenz der Juden problematisiert die »Mission« der Russen und damit Dostojewskijs eigenes Selbstverständnis. Wenn es Juden auf der Welt gibt, was hat Dostojewskij, dieser Jude zweiten Grades, dann dort überhaupt zu suchen? Und wenn sich die Juden so verhalten, wie sie sich nach Dostojewskijs Erfahrung verhalten (wenn sie statt heilig zu sein wuchern), wie kann man dann überhaupt noch an eine göttliche Mission glauben? Wenn selbst Juden sündigen, wie kann dann Dostojewskij, dieser Jude zweiten Grades, überhaupt noch hoffen, ein heiliges Leben zu führen? Dostojewskij wird Antisemit, weil es überhaupt Juden gibt und weil sie so sind, wie sie sind; denn dies macht es für Dostojewskij unmöglich, so zu sein, wie er sein will, nämlich Jude zweiten Grades.

Das religiöse Problem des Judentums ist ein Problem für gläubige Christen, nicht für Juden. Darum ist es gleichgültig, daß Dostojewskij das Judentum aus jüdischer Sicht nicht richtig gesehen hat. Wichtig ist nur, daß er es aus einer spezifisch christlichen Sicht richtig gesehen hat. Als Gott in Seiner unendlichen Liebe zur Menschheit die Sünden der Welt auf Sich nahm, ist er nämlich nicht »in abstracto« Mensch geworden, sondern er ist Jude geworden. Nicht irgendein undefinierter Mensch, ein Spezimen der Art »Homo sapiens«, sondern eine konkrete historische Person, nämlich ein

»Dotojewskij und das Judentum«

talmudischer Rabbiner zur Zeit des Hellenismus. Die göttliche Inkarnation, dieses die Geschichte durchbrechende Ereignis, hat sich nicht »in vacuo«, sondern in einer spezifischen Geschichte, nämlich der jüdischen ereignet. Das hat der gläubige Christ hinzunehmen, und deshalb heißt es im Credo: »sub Pontio Pilato«.

Aber es ist dem gläubigen Christen unmöglich, dies hinzunehmen. Es übersteigt seine Kräfte. Denn nimmt er es hin, dann bedeutet »Imitatio Christi« nicht den Versuch, irgendeinem abstrakten, »Christus« genannten Modell zu folgen. Sondern es bedeutet dann den Versuch, im täglichen Leben dem Leben einer konkreten historischen Person, nämlich Jesus zu folgen. Es bedeutet, so zu leben wie Er, also unter anderem auch Rabbiner zu werden. Ein »neuer Mensch« zu werden, bedeutet dann unter anderem auch, Jude zu werden. Aber das übersteigt die Kräfte des gläubigen Christen – in erster Linie nicht, weil ihn seine historischen, kulturellen und andere Bedingungen daran hindern, sondern weil es ja schon Juden auf der Welt gibt und sie gerade diejenigen sind, welche sich hartnäckig dagegen wehren, Christen zu werden. Gäbe es keine Juden auf der Welt, dann könnte der gläubige Christ doch versuchen, Jude zu werden und Christus zu folgen. Aber wie kann er Jude werden wollen, wo dies doch bedeutet, nicht Christ werden zu wollen? Aus dieser verzweifelten Affinität zum Judentum wird der gläubige Christ Antisemit: Die Juden hindern ihn daran, Jude und damit Christ zu werden. Ingold zeigt dies, wider seine Absicht, an Dostojewskij. Dasselbe könnte auch an anderen, weniger edlen Antisemiten, zum Beispiel auch an Hitler, gezeigt werden.

Selbstredend hat der dostojewskijsche Antisemitismus (wie jeder Antisemitismus) auch zeit- und ortsgebundene Aspekte. Unter anderem ist er der russische Antisemitismus des vergangenen Jahrhunderts. Als solcher kann er ökonomisch, sozial, kulturell »erklärt« werden. Solche Erklärungen (wie zum Beispiel diejenige Hannah Arendts) sind wichtig. Sie entschleiern die uneingestandenen Funktionen des Antisemitismus. Aber derartige Erklärungen gehen am Kern des Phänomens vorbei, jenem Kern, den Ingold in seinem Buch so klar gezeigt hat: nämlich der Tatsache, daß es dem gläubigen Christen unmöglich ist, das Judewerden Gottes hinzunehmen.

Schwindelerregend ist dieser Gedankengang vor allem für einen Juden, wie den Autor dieses Artikels. Es gibt aus diesem Schwindel keinen bequemen Ausweg. Wenig, wie gesagt, hilft der Hinweis auf die falsche Sicht Dostojewskijs hinsichtlich des Judentums. Ebenso wenig hilft es, wenn man auf die einseitige, sektiererische Sicht Dostojewskijs auf das Christentum oder auf die Tatsache hinweist, daß Dostojewskijs Russentum im Grunde unchristlich war. Dasselbe gilt auch für den Versuch, Dostojewskijs Ambivalenz dem Judentum, dem Christentum und dem Russentum gegenüber auf seine Ambivalenz sich selbst gegenüber zurückzuführen. Kurz, es hilft wenig, das Problem »dostojewskijsieren« zu wollen; denn darin besteht ja gerade die Größe Dostojewskijs, daß er die eigenen Probleme zu allgemeingültigen erhebt und daß er uns zwingt, seine eigenen Probleme zu den unseren zu machen. Ingold zeigt an Dostojewskij, wie ein spezifischer Typ von durchdachtem, durchlittenem und durchlebtem Christentum zu brutalem, tödlichem, selbstzerfleischendem Antisemitismus wird, und damit haben wir uns auseinanderzusetzen.

Wenn demnach ein Jude den Antisemitismus begreifen will, das heißt, wenn er den »anderen«, mit dem er lebt, begreifen will, so muß er versuchen, das Christentum, wie Dostojewskij es tat, zu durchdenken, zu erleiden und zu erleben. Aber das übersteigt seine Kräfte, ebenso wie es die Kräfte des gläubigen Christen übersteigt, das Judewerden Gottes hinzunehmen. Es ist ein unerträglicher Anspruch an ihn. Die Lektüre der von Ingold zitierten dostojewskijschen Texte ist für ihn unerträglich: dieses Verwandlung der Juden in widerliche Tiere, diese mörderische Wut, diese Haßliebe, die sich

»Dotojewskij und das Judentum«

in fadenscheinigen Rationalismus kleidet. Das ist unerträglich nicht nur nach Auschwitz, in dem ja dann eine der Folgen des dostojewskijschen Hasses erkannt wird, sondern die Lektüre ist vor allem unerträglich, weil in diesen Texten Dostojewskij ja zum Sprecher jener Kultur wird, aus welcher alle Lebenskräfte auch des Juden sprießen, nämlich der jüdisch-christlichen Kultur. So gewinnt der selbstzerfleischende Antisemitismus Dostojewskijs seine Kehrseite: die Selbstzerfleischung des Juden.

Diese teuflische Spiegelung kann nicht überwunden werden. Sie kann nur beseitigt werden, falls es den übrigen, von der jüdisch-christlichen Kultur vergewaltigten Kulturen gelingt, unsere Kultur in gerechtem Zorn vom Antlitz der Erde hinwegzufegen. Denn die teuflische Spiegelung, die sich als Antisemitismus äußert, erweist sich als die Feder, die unsere Kultur in ihrem Innersten antreibt. Darum ist Ingolds Buch nicht etwa nur eine Kritik an einem russischen Schriftsteller und Publizisten des vergangenen Jahrhunderts. Es ist vor allem auch eine unter den apokalyptischen Äußerungen, an denen die Gegenwart so reich ist. Die Lektüre von Ingolds Buch ist daher außerordentlich »aktuell«: sie weist einen Aspekt des Umbruchs auf, in dem wir uns befinden.

18

SELBSTAUSLÖSER
Deutsche und Juden vor der Kamera

MARK W. BERGHASH, ein New Yorker Psychoanalytiker, begann 1981 jüdische Überlebende des Holocaust zu porträtieren. Er wollte einige »Aspekte des echten, inneren Selbst« dieser Menschen herausfinden. Wie sein Lehrer, der Psychiater und Philosoph Preston McLean, ging er davon aus, der Gesichtsausdruck eines Menschen spiegele verborgene Schichten des Bewußtseins (das Selbst) wieder, falls er durch bestimmte Stichworte stimuliert werde. Das könnte doch auf Fotos festgehalten werden, falls die Gegenwart des Fotografen die Aufmerksamkeit des Porträtierten nicht stört? Die so entstehenden, das Selbst verratenden Bilder könnten dann mit den Porträts anderer Menschen verglichen werden, die von denselben Stichworten stimuliert wurden. So würde der Unterschied zwischen zwei unterschiedlichen Selbst dem gleichen Stimulus gegenüber sichtbar.

Die Sache ließe sich zum Beispiel bei ungefähr gleichaltrigen Juden und Deutschen versuchen. Berghash lud die Porträt-Kandidaten in ein Studio ein und bat sie, nacheinander an Begriffe wie Mutter, Vater oder Holocaust zu denken. Dann drückte er ihnen einen Selbstauslöser in die Hand und verließ den Raum. Er wollte eine Atmosphäre der Konzentration schaffen.

Berghashs Buch ist Beleg dieses Experiments. Man sieht, es handelt sich um eine wissenschaftliche Arbeit. Aber handelt es sich nicht eigentlich um einen Versuch, sich dem Unsäglichen und Unerhörten, und darum prinzipiell wissenschaftlich nicht Zugänglichen, unter dem Schutz eines wissenschaftlichen Deckmäntelchens zu nähern? Der Autor hat selbst zu diesem Mäntelchen wenig Vertrauen. Denn er begleitet die Bilder mit Texten, in denen die verglichenen Menschen auf die Stichwortstimuli hin sprachlich reagieren.

Selbstauslöser

Ein Beispiel dafür, was beim Stichwort »Vater« herauskommt.
Jüdin: »Mein Vater war 73, als die Deutschen Panevezys besetzten. Es bricht mein Herz. Ich sehe ihn immer wieder in meinen Träumen. Er besucht mich als Albdruck ... Ich sehe ihn immer nackt, wie er mit seinen Händen versucht, seinen Körper zu verdecken, und ohne Kippa, vor Gott und Menschen gedemütigt, und er war gottesfürchtig. So stand er da, und die große Grube wartete auf die Kugel, die ihn hineinwerfen sollte. Wie viele Tode starb er? Ich kann denen diese Qual nicht verzeihen.«
Deutsche: »Mein Vater starb früh. Ich war damals 23 Jahre alt. In meiner Erinnerung ist mein Vaterhaus sehr harmonisch und glücklich. Mein Vater war ein Mann von hohen Prinzipien und von starkem Charakter, an den ich mit viel Liebe und Bewunderung zurückdenke.«
Der sich bei der Lektüre erhebende Wind des Entsetzens fegt das wissenschaftliche Deckmäntelchen hinweg, und nichts als Zähneklappern und Zähneknirschen bleibt übrig. Außer, selbstredend, man sei des Betens fähig.

Unsägliches versucht hier zu Worte, Unvorstellbares zu Bilde zu kommen. Es ist unmöglich, weiter davon zu sprechen: Was immer man hinzufügt, entheiligt die Sache. (Wobei »heilig« im ursprünglichen Sinn, nämlich sowohl als Heilung als auch als Hölle gemeint ist.) Ebenso unmöglich ist es jedoch, nicht weiter davon zu sprechen: es hieße, die Sache zu verschweigen. Angesichts dieser Aporie erscheinen Bücher wie »Aspekte des echten Selbst« von Berghash oder Filme wie »Shoah«. Es sind Versuche, nicht »davon«, sondern »darüber« zu sprechen, also von oben nach unten. Sie versuchen, sich über das Unsägliche und Unvorstellbare ins Sagbare und Bildliche zu erheben. Die Methode, um diese Distanz zu erringen, ist die wissenschaftliche Disziplin der kühlen, objektiven Strenge.

Diese Versuche haben jedoch einen Haken. Sie sind

erkenntnistheoretisch und ethisch fragwürdig. Die erkenntnistheoretische Fragwürdigkeit, mit Hilfe einer Theorie Einmaliges zu transzendieren, besteht darin, daß der theoretische Diskurs klassifiziert (aus Namen von Klassen besteht) und daher die Einmaligkeit des Einmaligen leugnet. (Jedem Versuch, das Phänomen »Endlösung« theoretisch zu erklären, muß die Einmaligkeit des Phänomens, und damit das Phänomen selbst, entgleiten.) Die ethische Fragwürdigkeit besteht darin, daß der theoretische Diskurs wertfrei ist, während doch eben der Wertaspekt des Einmaligen (sein »Übel«) die Einmaligkeit des Geschehenen ausmacht. Wenn also Versuche wie Berghashs Buch oder Filme wie »Shoah« als Versuche eines theoretischen Transzendierens des Phänomens »Endlösung« aufgefaßt werden, dann müssen sie als Fehlschläge angesehen werden.

Man muß sie aber nicht als solche auffassen. Man kann sie auch als verzweifelte Versuche ansehen, aus der Aporie »Schweigen – Bezeugen« auszubrechen. Sieht man in ihnen Verzweiflungsschreie, die sich in wissenschaftliche Deckmäntelchen hüllen, dann wird jede Kritik an ihrer wissenschaftlichen Fragwürdigkeit geradezu eine Frechheit. Weist man zum Beispiel auf die Schwächen der psychologischen, fotografischen und soziokulturellen Hypothesen, die das im Buch dokumentierte Unterfangen stützen, und zeigt man die Unangemessenheit dieser Hypothesen für das einmalige Phänomen »Endlösung« auf, so kommt man in die unhaltbare Lage, den verzweifelten Autor des Buchs anstelle des ihn zur Verzweiflung treibenden Phänomens zu kritisieren. Von einer derartigen Kritik wird hier, aus Scham, Abstand genommen. Statt dessen wird der Versuch unternommen, mit dem Autor und mit den Lesern dieses Aufsatzes in einen Dialog über das Verhältnis von Juden und Deutschen zu treten. Denn ist das nicht die eigentliche Absicht des Buches?

Der Untertitel des Buches lautet »Aspekte des echten Selbst« (Aspects of the true self), und der Autor versucht, uns mit Fotos zu zeigen, wie einige Juden und

Selbstauslöser

Deutsche grundlegende Erlebnisse nach Jahrzehnten ohne Maske wiedererleben. Dabei setzt er voraus, daß Juden und Deutschen eines gemeinsam ist, was sie von übrigen Gruppen unterscheidet: Für beide sei die »Endlösung« ein grundlegendes Erlebnis. Das Buch zeigt jedoch, daß diese Voraussetzung nicht zutrifft. Für die Juden ist die »Endlösung« ein derart zentrales Erlebnis, daß alle übrigen Erlebnisse darum kreisen und nur in Bezug darauf überhaupt erlebt werden können. Für die Deutschen jedoch ist die »Endlösung« ein mehr oder weniger peripheres und darum verdrängbares (oder sogar leugbares) Erlebnis. Die Tatsache, daß sich Juden in ihrem Verhältnis zu den Deutschen derart auf die Endlösung konzentrieren, ist für Deutsche beinahe so empörend wie für Juden die Tatsache, daß die Deutschen zu einem Verdrängen der »Endlösung« neigen. Soll zwischen Juden und Deutschen ein Dialog über das Verhältnis von beiden geführt werden, dann muß zuerst (und das zeigt das Buch) eine Verständigung über den existentiellen Stellenwert stattfinden, den beide der »Endlösung« beimessen. Die Juden müßten sich selbst überwinden und in der »Endlösung« nicht mehr das einzige Deutsche betreffende Problem sehen. Und die Deutschen müßten sich selbst überwinden und die »Endlösung« als jenes Problem akzeptieren, das es ihnen überhaupt erst erlaubt, mit Juden zu dialogisieren.

Das ist selbstredend eine ungerechte Forderung, falls mit »Gerechtigkeit« Gleichgewicht gemeint ist. Sie ist ungerecht, weil sie von den Juden mehr als von den Deutschen fordert. Und sie ist ungerecht, weil sie angesichts der »Endlösung« Juden und Deutsche die gleiche Existenzebene zuweist. Aber falls man unter »Gerechtigkeit« nicht Gleichgewicht, sondern die Entscheidung für das Gute meint (und dies ist, im Gegensatz zur griechischen, die jüdische Bedeutung von »Gerechtigkeit«), dann ist diese Forderung gerecht und berechtigt. Denn ein Dialog über das Verhältnis von Juden und Deutschen und zwischen beiden wäre doch eine Methode, aus dem Übel zum Guten vorzustoßen? Wer immer von den Juden oder Deutschen einem solchen Dialog entgegenträte, hätte zwar vom griechischen, aber nicht vom jüdischen Standpunkt das Recht auf seiner Seite.

Gelingt es einem Juden, die »Endlösung« aus ihrer zentralen Stellung zu verschieben, ohne damit die Einzigartigkeit, das Unsägliche und Unvorstellbare daran zu verwässern, dann ändert sich nicht nur seine Einstellung zu den Deutschen, sondern überhaupt zum Leben. Er öffnet sich dann nämlich für andere, ihn mit den Deutschen und mit »dem Deutschen« verbindende Dinge, und darüber kann er mit den Deutschen sprechen. Und, noch weit wichtiger, er befreit sich so von der Faszination der Vernichtung und öffnet sich für die Hoffnung. Nun ist aber das Prinzip Hoffnung jenes Prinzip, auf dem alles Jüdische überhaupt aufgebaut ist. Also öffnet sich ein Jude dem Jüdischen, falls es ihm gelingt, die »Endlösung« aus ihrer Zentralstellung zu rücken. Es ist unjüdisch, sich darauf zu konzentrieren.

Gelingt es andererseits einem Deutschen, die existentielle Zentralstellung der »Endlösung« nachzuvollziehen, dann hat auch er eine existentielle Wandlung vollzogen. Denn es geht ja nicht darum, irgendeine Schuld auf sich zu nehmen und sich an die Brust zu schlagen. Man ist nur verantwortlich für das, was man im vollen Bewußtsein der Tat selbst getan hat. Darum ist das öffentliche Sich-an-die-Brust-schlagen so widerwärtig, besonders in den Augen der Opfer. Worum es geht, ist, die »Endlösung« so zu erleben, wie sie die Juden erlebten. Es geht darum, aus sich selbst heraus- und auf den anderen einzugehen, ohne sich dabei selbst aufzugeben. Ein solches Aussichherausgehen erfordert Selbstüberwindung, Vorstellungskraft und Intelligenz, und nur wenige sind fähig, dies zu leisten. Aber gerade diese wenigen sind es, auf die es bei einem Dialog zwischen Juden und Deutschen ankommt.

Dialoge sind ihrem Wesen nach elitär, und dies gilt besonders für den hier gemeinten. Folgt man den eben unternommenen, aus Leid und Hoffnung geborenen Überlegungen, ließe sich der Eindruck gewinnen, das

Selbstauslöser

alle beträfe nur die immer kleiner werdende Zahl derer, welche die »Endlösung« am eigenen Leib erlebten. Die Nachgeborenen mögen zwar davon belastet sein, aber die an sie gestellte Forderung sei kleiner und daher leichter zu erfüllen. Aber das wäre ein Trugschluß. Gefordert ist Selbstüberwindung, und das heißt doch wohl: Überwindung all dessen, von dem das Selbst bedingt ist? Zum Beispiel nur: Überwindung der Bedingung »Jude« und »Deutscher«? Gefordert ist ein Dialog, bei dem die Juden ihr Judesein und die Deutschen ihr Deutschsein überwinden. Überwinden heißt selbstredend nicht leugnen, sondern es bedeutet, das Selbst auf eine höhere Ebene zu heben, auf welcher es aufhört zu bedingen. Demnach richtet sich diese Forderung gleichermaßen an alle, seien sie Zeitgenossen oder Nachgeborene des Unsäglichen und Unerhörten. Es ist die Aufforderung, das Bedingende, und darum Begrenzende, ins Offene, in die Freiheit zu heben. Deutsche und Juden können nur dann hoffen, frei zu sein, wenn es ihnen gelingt, sich zu überwinden und miteinander in Dialog zu treten. Das ist das Hoffnungsvolle am Unsäglichen: es ist eine Herausforderung zur Befreiung.

Etwas Seltsames ist bei diesen Überlegungen unterlaufen: die Entdeckung, daß man nur frei wird, wenn man sein Selbst überwindet. Widerspricht das nicht den »Aspekten des echten Selbst«? Besagt denn diese Entdeckung nicht, daß das Selbst nie »echt« ist, sondern nur ein Knäuel, von Bedingungen zu einem Scheinkern geballt? Besagt sie denn nicht, daß ich nur dann frei sein werde, wenn ich nicht nur mein Judesein oder mein Deutschsein, sondern sogar mein Ich überwinde und zum anderen des anderen werde? Das ist das Schicksal der Bücher, »habent fata libelli«: Mark Berghashs Buch tritt an, das echte Selbst zu enthüllen, und es führt den ergriffenen Leser zu dem Versuch, dieses enthüllte Selbst zu überwinden. Die Überwindung des enthüllten Selbst ist das eigentliche Motiv und das eigentliche Thema eines jeden Dialogs – ganz besonders eines Dialogs zwischen Juden und Deutschen.

ODI ET AMO

Für »Manuskripte« Graz
IN DER AUSGABE vom September 1990 Ihrer Zeitschrift erschien ein außerordentlich bemerkenswerter Aufsatz von Peter Strasser unter dem Titel »Tiere sehen dich an – der Blick des Hasses«. Da das besprochene Thema eine zugleich intellektuelle und existentielle Herausforderung an Juden als Empfänger des Antisemitismus stellt, unterbreite ich Ihnen die vorliegenden Reflexionen – in der Hoffnung, die seitens Strasser gereichte Hand dialogisch aufgenommen zu haben.

(a) Heißer und kalter Haß: eine fruchtbare Unterscheidung. Strasser gibt den Judenhaß ohne Juden als Beispiel des kalten Hasses. Es ist der Haß, der sich gegen die Idee »Jude«, den »idealen Juden« richtet. Das zeigt, daß statt »kalter« auch »theoretischer« oder »platonischer« Haß gesagt werden könnte. Man kommt dabei nicht umhin, die Parallele der Liebe zu Hilfe zu rufen: die »reine« Liebe, diejenige zu den theoretisch erblickten Ideen, als Parallele zum kalten Haß, und die »niedere Minne«, diejenige zum Phänomen, als Parallele des heißen Hasses. Sobald man dies tut, beginnt die Kategorie »kalter Haß« Formen anzunehmen, und der Antisemitismus ohne Juden (zum Beispiel jener in China) wird faßbar. So hatte die theoretische Liebe, welche Pythagoras zum Kreis fühlte, seinen Haß auf die Zahl Pi zur Folge, da diese verhinderte, den Kreis zu quadrieren. Daher war angeblich in der pythagoräischen Schule das bloße Aussprechen der Zahl Pi unter Todesstrafe verboten. Die gleiche Liebe zum Kreis, welche Kopernikus beseelte, zwang ihn, Epizyklen statt der verhaßten Ellipsen in sein System einzubauen.

Demnach gibt es eine Idee »Jude«, die irgendwo im platonischen Himmel lagert und die denen hassenswert ist, welche eine andere Idee lieben, die von der Juden-

Odi et amo

idee durchkreuzt wird (wie die Kreisidee von jener der Ellipse). Dafür ein naheliegendes Beispiel: Diejenigen, welche die Idee des Christentums lieben, müssen die Idee des Judentums hassen, wenn sie die theoretische Überschneidung der beiden Ideen erblicken. (Strasser gibt dafür das Beispiel des Abraham a Sancta Clara.) Nun ist es aber eine Tatsache, daß Ideen nie rein verkörpert sein können: das erklärt Platons Verabscheuung der Kunst, welche die Ideen verzerrt, welche sie »verwirklicht«. Daher gibt es keinen idealen Juden. Der kalte Antisemitismus haßt den idealen Juden (etwa jenen im »Stürmer«), und der heiße haßt den konkreten Juden, gerade weil er nicht so wie im »Stürmer« ausschaut. Aber dank theoretischem Blick kann der heiße Antisemitismus im konkreten Juden den Stürmerjuden erblicken (diese Epistemologie heißt »Judenkenner«).

Die Unterscheidung zwischen kaltem und heißem Antisemitismus ist nicht nur intellektuell interessant: So also hat sich die platonische Epistemologie in den vulgären (deutsch: »völkischen«) Schichten erhalten. Sie ist für Juden auch von existentiellem Interesse: So grotesk überschätzt man uns, wenn man uns mit kaltem Haß betrachtet und daher hinter unserer Erscheinung eine Idee sieht.

(b) Eifersucht und Neid: Die Parallele zwischen Haß und Liebe, die eben gezogen wurde, kann nicht aufrecht erhalten werden. Diese beiden Emotionen sind nicht nur psychologisch, sondern auch theoretisch nicht auseinanderzuhalten: sie laufen nicht parallel, sondern überdecken einander. Dafür ein Beispiel: Eine bekannte These lautet, Liebe sei aufschließend und Haß sei definitorisch. Eine geliebte Frau sei undefinierbar, weil ihre Anwesenheit überall, im von ihr beschrittenen Weg, im von ihr hinterlassenen Parfüm, ja sogar aus den Sternen und dem Meer herausgefühlt werden könne, und wer diese Frau definiere (zum Beispiel als 60 kg), der sei ein Hasser. Das ist ein Argument des »gehobenen« Antisemitismus: Die Griechen standen angeblich der Welt liebend gegenüber, und daher konnte kein Gott definiert werden: der apollinische, aphrodisiakische, hermetische, plutonische Weltaspekt war überall zugeen, überall konnte die Gegenwart des Zeus oder der Athene herausgespürt werden. Die Juden hingegen standen angeblich der Welt hassend gegenüber, definitorisch, und dadurch sei die moderne Wissenschaft und Technik, diese angeblich jüdischen Disziplinen, entstanden. Aber der Antisemitismus selbst belehrt eines Besseren: Der gehaßte Jude ist überall, unter allen Erscheinungsformen spürbar, und der Antisemit wittert hinter allem den Juden (auch, wie oben gezeigt, hinter der Wissenschaft und Technik). Haß ist ebenso aufschließend wie Liebe. Tatsache ist, daß Haß und Liebe einander gegenseitig bedingen und stärken. Zwei Beispiele dafür: Die Wissenschaft kann tatsächlich als eine Bewegung des Hasses angesehen werden, denn sie ist bemüht, die Welt der Erscheinungen in den Griff zu bekommen. Aber Wissenschaft wird erst möglich, wenn sich das Interesse liebend den Erscheinungen zuwendet. Zweites Beispiel: Dichtung kann als ein Kampf gegen eine Sprache angesehen werden, in dem man sich bemüht, die Sprache in eine vorgesetzte Form zu zwingen. Aber Dichtung ist nur in heißer (und kalter) Liebe zur Sprache möglich. Schließlich ein Strassers Aufsatz näheres Beispiel: Der geradezu schäumende Antisemitismus eines Dostojewskij kann ohne große Schwierigkeit als grenzenlose (wenn auch unglückliche) Liebe zu einem idealen Judentum gedeutet werden.

Haß und Liebe überdecken einander und bilden gordische Knoten. Einer davon heißt »Eifersucht«, ein anderer heißt »Neid«, und es gibt zweifellos noch weitere derartige Schlingen. Liest man Strassers Aufsatz, dann gewinnt man den Eindruck, daß er, wenn er den vulgären Antisemitismus bespricht, nicht von Haß, sondern von Neid spricht. Vielleicht läßt sich die folgende Hypothese aufstellen: Es gibt zwei Antisemitismen, den neidischen – dieser entspricht den »unteren« Schichten – und den eifersüchtigen – und dieser entspricht den »Heideggern« und »Waldheimen«. Der neidische Antisemitismus wäre ein Sozialismus für Dumme, und der eifersüchtige ein Konkurrenzkampf. (Wobei selbstredend beide Formen auf emotionalen, irrationalen Prämissen beruhen.) Jeder konkrete Fall von neidischem und/oder eifersüchtigem Antisemitismus würde dann eine phänomenologische Analyse erfordern, um die jeweilige Beteiligung von »Kälte« und »Wärme« an ihm festzustellen.

Für den jüdischen Empfänger des Antisemitismus heißt das, daß ihm der sogenannte »Philosemitismus« als notwendiger Bestandteil jedes Antisemitismus wider den Strich geht und daß er selbst, sobald er sich emotional »jüdisch engagiert«, Gefahr läuft, in die Teufelsbrühe des Antisemitismus hineingezogen zu werden: daß er dann nämlich droht, genau wie Antisemiten, das Judentum aus Haßliebe zu überschätzen.

(c) Der ewige Jude: Es gibt eine Geschichte des Antisemitismus, in deren Verlauf die Judenidee zahlreiche Metamorphosen durchmacht. Der Judenhaß im pharaonischen Ägypten und im babylonischen Mesopotamien hat eine andere Idee zur Zielscheibe als der Judenhaß im Hellenismus und bei den Römern. Der Vorwurf, den Tacitus gegen die Juden erhebt, sie seien Atheisten, weil sie die Götter zugunsten der Gottheit leugnen, und daher müßten sie ausgerottet werden, richtet sich gegen eine andere Idee als der Vorwurf des Heiligen Hieronymus, die Juden seien die Mörder Gottes, und man müsse sie verbrennen. Der Antisemitismus der Reformatoren, die Juden seien die Bankiers des Papstes, zielt anderswohin als jener der Gegenreformatoren, die Juden hätten den Reformatoren die Heiligen Texte übersetzt, um die Kirche zu unterwühlen. Daraus ließe sich folgern, es gäbe nicht eine Judenidee, sondern zahlreiche, und diese Judenideen seien nicht auf einen Nenner zu bringen. Strassers Aufsatz zeigt, bedächtig gelesen, das Permanente hinter den Atavismen:

Strasser spricht von der Wandlung des Antisemitismus im deutschem Gebiet vor und nach Auschwitz. Im Hintergrund seines Aufsatzes steht der arabische und islamische Antisemitismus mit seiner Drohung, wieder einmal Millionen von Juden zu vergasen, und das ist ein anderer Antisemitismus als jener der Deutschen. Und in einer etwas weiteren Entfernung vom Aufsatz stehen die verschiedenen neu auflebenden Antisemitismen in Osteuropa. Scheinbar gibt es keine Verwandtschaft zwischen dem Grazer Kleinbürger, dem ägyptischen fundamentalistischen Mullah und dem russischen Halbintellektuellen der Pamjat-Gruppe – außer eben dem Antisemitismus. Der Antisemitismus, diese Mischung aus kalt und heiß und aus Liebe und Haß, als weltverbindende Kette? Das erlaubt, das Permanente am Judenhaß in den Griff zu bekommen: Er ist die emotionale, irrationale und daher bequemere Alternative zu einer vernünftigen Orientierung in der okzidentalen kulturellen Lage. »Jude« ist die Ausrede für die Tatsache, daß man zu dumm, zu bequem und zu faul ist, sich in der Situation zurecht zu finden. Das allerdings ist der ewige Jude, weil Dummheit, Bequemlichkeit und Faulheit ewig fortdauern werden.

Für den konkreten Juden, also für jenen, der den Antisemitismus auf sich nimmt, stellt dies eine eigenartige Falle: Ist man nur so lange Jude, solange die Leute (man selbst inbegriffen) dumm, bequem und faul bleiben werden, das heißt auf immer und ewig? Es ist das große Verdienst Strassers, diese Falle (wenn auch vielleicht ohne Absicht) aufgedeckt zu haben. Sein Aufsatz sollte nicht nur in Graz, sondern auch in Kairo, in Moskau, und vor allem in Jerusalem gelesen werden.

JUDENSTAAT '91

27/1/91

Es gibt einen jiddischen Satz: »Schwer zu sein ein Jud«, und er wird lächelnd ausgesprochen. Lächelnd, da es ja nichts gibt, das einem leichter fällt: Man ist und bleibt Jude, was immer man dafür oder dagegen machen möge – ob man sein Judentum zur Schau trägt, ob man daraus einen Beruf macht oder ob man es vor anderen und sogar vor sich selbst verleugnet. In einem anderen Sinn jedoch ist es tatsächlich außerordentlich schwer, Jude zu sein, und das erklärt die Melancholie des Lächelns, das den zitierten Satz begleitet. Die Schwierigkeit ist, daß einem als Jude ein unerklärlicher Haß entgegenschlägt, den man zwar zu erwarten gelernt hat, vor dem man aber unbelehrbarerweise immer wieder entsetzt zurückweicht. Dieser Aufsatz hat vor, das Unerklärliche dieses Hasses im Kontext der auf den Judenstaat fallenden Raketen zu bedenken, und er tut dies deutsch, in der Hoffnung, gerade bei Deutschen auf Verständnis zu treffen.

Um etwas zu verstehen, muß man es klassifizieren. Wenn man den Hasen als Nagetier klassifiziert, ihn also mit Ratten und Bibern vergleicht und Ähnlichkeiten feststellt, dann hat man etwas vom Hasen verstanden. Juden sind leider nicht so klassifizierbar wie Hasen. Die verfügbaren und scheinbar hier anwendbaren Kategorien wie »Volk«, »Religion« oder »Kultur« greifen auf eigenartige Weise daneben: Gerade weil sie eine Seite des Judentums fassen, entgleiten ihnen die anderen. Es ist zwar richtig, daß es so etwas wie eine jüdische Religion gibt, aber wenn ein Jude sich taufen läßt oder Atheist wird, bleibt er dennoch Jude. Und es ist ebenso richtig, daß es so etwas wie ein jüdisches Volk gibt, aber wenn ein Jude sich als Deutscher, Franzose oder Brasilianer identifiziert, bleibt er dennoch Jude, selbst wenn er getauft oder Atheist sein sollte. Das heißt: Judesein ist mit Daseinsdimensionen wie Deutschsein oder Christsein im Grunde genommen unvergleichbar und daher sowohl für Juden als auch für Nichtjuden im Grunde genommen unverständlich.

Vor einer solchen Unverständlichkeit muß man nicht kapitulieren. Sie ist im Gegenteil Herausforderung für Erklärungsversuche. Tatsächlich ist eine ganze Reihe von zum Teil sehr überzeugenden Erklärungen des Phänomens Jude im Laufe der letzten dreitausend Jahre angeboten worden. Sie haben verschiedene Horizonte – zum Beispiel die Theologie, die Soziologie, die Ökonomie, die Biologie, die Psychologie oder die Existentialanalyse. Einige dieser Erklärungen haben den zusätzlichen Vorteil, nicht nur das Phänomen Jude, sondern auch das Phänomen Antisemit zu erklären. Das Unangenehme an diesen Erklärungen ist nicht, daß sie einander zum Teil widersprechen: zum Beispiel kann Judesein nicht zugleich heißen, Gott über die Götter zu stellen (Tacitus) und Gott getötet zu haben (Kirchenväter). Das Unangenehme daran ist auch nicht, daß keine der Erklärungen den Kern des Judeseins zu treffen scheint, so wie er seitens der Juden erlebt wird: es bleibt immer ein unerklärter Rest übrig. Sondern das tatsächlich Unangenehme (und daher Unannehmbare) daran ist, daß die Vielzahl der Erklärungen die Sonderstellung des Judeseins betont, statt sie zu erklären, und dadurch der sogenannten »Erwähltheit« das Wort spricht. Gerade die Unvergleichlichkeit des Judeseins aber gilt es doch durch Erklärung abzuräumen. Der Judenstaat ist (unter anderem) der Versuch, diesen züngelnden und zischenden Natterknoten von Erklärungen zu zerhacken und dadurch der Auserwähltheit den Garaus zu machen. Der Zionismus ruft seit hundert Jahren aus, daß die Juden ein Volk wie alle anderen sind (etwa wie Litauer oder Paraguayer) und daß dies nur deshalb nicht deutlich wird, weil die Juden kein Land besitzen. Das ist der Grund für den Antizionismus derjenigen Juden, die

Judenstaat '91

an die jüdische Auserwähltheit glauben: sie fürchten, der Judenstaat würde tatsächlich die Juden »normalisieren« und dadurch das Wesentliche des Judentums vernichten. Diese Befürchtung erweist sich leider als völlig unbegründet. Die Juden sind kein normales Volk, selbst wenn sie ein Ländchen besitzen und darauf einen Staat errichten. Im Gegenteil, die Enormität des Judeseins wird dadurch womöglich noch besser ersichtlich. Selbst die ersten Zionisten schienen an die Normalität des jüdischen Volks nicht glauben zu können, obwohl sie sich zu diesem Glauben zu zwingen versuchten. Dies ist nicht nur aus dem verbissenen Bestehen auf Jerusalem, der Davidstadt (das heißt der Gottesstadt) zu ersehen, sondern ebenso aus der utopischen Seite des Zionismus: Es handelte sich nicht darum, irgendein Land mit irgendeinem Staat zu errichten, sondern eine musterhafte Gesellschaft, die ein Modell für alle Völker (»Ner Hagojim«: Licht der Völker) sein sollte. Zwar ging dieser utopische Aspekt des Zionismus unter dem Druck der deutschen Vernichtungslager und der arabischen Feindschaft zum großen Teil unter (die Kibbuzim sind nicht mehr die »raison d'être« des Judenstaates), aber es bleibt dennoch wahr, daß immer noch etwas mehr als Nationales (und mehr als Religiöses) mitschwingt, wenn sich junge Juden zum »Aufstieg« nach Israel (»Alija«) entschließen.

Noch deutlicher aber wird die Enormität des Judeseins und des Judenstaats aus dem ihm entgegenwehenden und weiterhin unerklärlichen Haß. Millionen von Demonstranten auf Tausende von Kilometern von Israel entfernten Marktplätzen schlagen geradezu Haßpurzelbäume, und dieser Haß wird geradezu zum Lebenszweck dieser Leute. Wenn Raketen auf Israel fallen, so atmen Millionen von Leuten erleichtert auf, als ob damit eine unerträgliche Last von ihnen abgewälzt worden wäre. Angeblich wohlmeinende (aber tatsächlich krypto-antisemitische) Freunde raten den Israelis, doch endlich in Verhandlungen zwecks Räumung der besetzten Gebiete zu treten. Tatsächlich hat der schäumende

Haß nichts mit der Besetzung jener Gebiete zu tun, denn er war schon vor der Besetzung da, hat zu zahlreichen Kriegen geführt, und die Gebiete sind überhaupt erst in Verteidigung gegen diesen Haß besetzt worden. Kurz, die Enormität des Judeseins (und daher des Judenstaates) ist ebensogut aus den wohlmeinenden Ratschlägen wie aus dem schäumenden Haß ersichtlich.

An dieser Stelle der Überlegungen ist ein Geständnis geboten: Der Judenhaß ist zwar vollkommen unverständlich und vernünftigerweise unzugänglich, aber er gibt dem Judesein eine außerordentliche Bedeutung. Es ist zwar nicht einzusehen, warum zum Beispiel die Regierungen blutiger Diktatoren in Afrika, Lateinamerika und Asien in rührender Einstimmigkeit das Töten von zwanzig tobenden Jugendlichen durch bedrohte Polizisten in den Vereinten Nationen verdammen, aber es gibt dem Judenstaat und dem Judesein eine weit über die Tatsachen hinausreichende Bedeutung. Man kann und will zwar an eine transzendente Auserwähltheit nicht glauben, weil dies allem widerspricht, wofür man sich engagiert, aber der transrationale Judenhaß in seinen offenen und verborgenen Formen proklamiert diese Auserwähltheit immer wieder von neuem. Da man diesen Haß nicht leugnen kann (er tötet nicht nur dort draußen, sondern trifft auch im Inneren), muß man ihm Rechnung tragen. Vielleicht ist tatsächlich etwas ganz Besonderes mit dem Judesein verbunden, selbst wenn man sich selbst das nicht eingesteht, und vielleicht sollte man es sich bewußt machen und dann dafür einstehen?

Dieser Aufsatz ist deutsch geschrieben und an Deutsche gerichtet, in der Hoffnung, einen Widerhall zu finden. Denn Deutsche, ähnlich wie Juden, müssen doch dem Judenhaß ebenso entsetzt und verständnislos gegenüberstehen. Wie konnte so etwas damals geschehen? Auch dafür gibt es zahlreiche, zum Teil treffende Erklärungen, aber sie alle lassen unbefriedigt. Sie beantworten die Frage nicht: Wie konnte mein Vater so etwas machen oder dem auch nur zuschen? Und es muß im

Judenstaat '91

Deutschen, ebenso wie im Juden, der dumpfe Verdacht aufkommen, daß da etwas im Spiel ist, das über die Vernunft hinausgeht und für das man irgendwie die Verantwortung übernehmen sollte. Die gegenwärtige Krise des Judenstaats wird wohl oder übel überwunden werden. Wahrscheinlich wird man den Irak zerschlagen und dann auf Israel Druck ausüben, sich mit Leuten wie der syrischen, der libyschen und der saudischen Regierung und der palästinensischen Bewegung an einen Tisch zu setzen, obwohl alle Beteiligten wissen, daß diese Leute die Juden hassen. Das ist, wie aller Antisemitismus vorher (seit den Pharaonen über die Griechen und Römer, über die Kirche und die Reformatoren bis zu den russischen Pogromen und den Gasöfen) zu erwarten. Es bleibt also alles beim Alten. Neu daran ist die Tatsache, daß die Errichtung des Judenstaats nichts daran ändern konnte. In diesem grundlegenden Sinn hat der Zionismus nichts zur Lösung der Frage, was Judesein heißt, beigetragen. Die Übersiedlung der Juden aus Rußland nach Israel wird so als nur eine unter den zahlreichen jüdischen Migrationen sichtbar. Dadurch wird die Frage immer dringlicher werden, welchen Sinn es hat, die Opfer der Erhaltung des Judenstaats weiterhin zu erbringen. Ist es nicht etwa richtiger, die unvergleichbare Einzigartigkeit des Judeseins wo auch immer (ob in Israel oder anderswo) verständnislos, entsetzt und dabei im Inneren bewegt auf sich zu nehmen?

4. Teil

EINE JÜDISCHE LITERATUR?

JUDEN UND SPRACHE

Was immer erlaubt, von einer jüdischen Gemeinsamkeit (Gemeinschaft) zu sprechen, so ist das nicht eine spezifische Sprache. Es gibt zwar jüdische Sprachen, Sprachen, die ausschließlich von Juden gesprochen werden, zum Beispiel die hebräische, die sephardische und die jiddische, aber diese Sprachen sind nicht (wie dies bei anderen Volksgruppen der Fall ist) das die jüdische Gemeinschaft charakterisierende Merkmal. Im Gegenteil: Die eben erwähnten drei Sprachen sind eher die jüdische Gemeinschaft in Frage stellende Faktoren. Beim Versuch, die jüdische Gemeinschaft irgendwie zu klassifizieren, wird oft zwischen sephardischen und aschkenasischen Juden unterschieden, wobei die aschkenasischen zwar zum einen Teil jiddisch, zum anderen aber andere europäische Sprachen sprechen. (Auch unter den sephardischen Juden ist übrigens die sephardische Sprache nicht die einzige Umgangssprache.) Was das Hebräische betrifft, so ist es unter großen Schwierigkeiten zur Nationalsprache des jüdischen Staats ausgearbeitet worden, war aber wahrscheinlich nur vorübergehend tatsächlich Umgangssprache im Altertum, da das Aramäische diese Rolle innehatte. Die sogenannten »heiligen Bücher« sind zum Teil aramäisch, nicht hebräisch, und im Mittelalter und in der Neuzeit war die Kenntnis des Hebräischen geradezu ein die Gemeinschaft spaltendes Merkmal: Die meisten Frauen waren des Hebräischen nicht mächtig. Erschwerend kommt hinzu, daß all das eben Gesagte vom Holocaust durcheinander gebracht wurde. Also nicht irgendeine Sprache, sondern wohl irgend etwas anderes berechtigt, von einer jüdischen Gemeinschaft zu sprechen (falls es überhaupt etwas gibt, das dazu berechtigt).

Vorwegnehmend ist zu bemerken, daß das Verhältnis

EINE JÜDISCHE LITERATUR?

von Juden und Sprachen kein »normales« Verhältnis sein kann, falls unter »normal« jenes gelöste Verhältnis gemeint ist, das die meisten Menschen zu ihrer Muttersprache unterhalten. Der eine Grund dafür wurde bereits erwähnt: Obwohl selbstredend jeder Jude eine Muttersprache hat, so definiert ihn diese nicht als Juden, und oft (wie im Fall der deutschen Sprache) handelt es sich (auch) um die Sprache seiner Feinde. Der zweite Grund reicht womöglich noch tiefer: Mag sein, daß nur wenige Juden sich dessen bewußt sind, was sie zu Juden macht (und ob sie es tatsächlich sind), aber unzweifelbar hängt dies mit einem Buch zusammen (»das Volk des Buches«). Somit ist die Selbstbestimmung eines jeden Juden von einer Schrift, das heißt von Zeichen, welche Sprachlaute bedeuten, wenigstens mitbegründet. Also ist das Verhältnis von Juden zu Sprachen einerseits distanzierter und andererseits weit intimer als das »normale«.

Soviel ich weiß, ist man dieser Dialektik im Verhältnis »Juden – Sprache« bisher nicht genügend nachgegangen. Sie ist ja auch in den meisten Fällen nicht von außergewöhnlichem Interesse. Sie äußert sich nämlich bei den weitaus meisten Juden als die Fähigkeit, in mehr als einer Sprache zu plappern (denn plappern tun sie wie die meisten Menschen). Dieses mehrsprachige Plappern hat zur Folge, daß die eigene Muttersprache fehlerhaft wird, aber auch dies ist nicht bemerkenswert: Die weitaus meisten Menschen sprechen ihre Muttersprache miserabel. Die Sache wird jedoch außerordentlich interessant, wenn es um Juden geht, welche Texte herstellen, also sich im Behandeln einer Sprache engagieren. Dann nämlich wird deutlich, daß die anormale Beziehung zwischen Juden und Sprache (einerseits Distanz, andererseits Intimität) gerade jene Beziehung ist, welche das sogenannte »Schriftstellen« überhaupt kennzeichnet. Ist daraus zu schließen, Juden seien für Schriftstellerei besonders gut geeignet, oder wäre dies ein neuer Atavismus des Begriffs vom »erwählten Volk«? (Diesmal wären dann allerdings nicht die plappernde Mehrheit

Juden und Sprache

der Juden, sondern die Schriftsteller unter ihnen die »Erwählten«, was aber die Sache nicht minder ungenießbar gestaltet.)

Will man dieser Frage nachgehen, so muß man wohl die jüdische Literatur daraufhin untersuchen. Aber eben dies geht nicht. Denn unter »jüdischer Literatur« wird entweder hebräische, sephardische und jiddische verstanden, oder jene Literatur, die von Juden geschrieben wurde, wobei selbstredend die erste Definition ein Sonderfall der zweiten zu sein scheint. So aber läßt sich die Sache gerade nicht anpacken, und zwar aus verschiedenen Gründen. Nehmen wir zuerst die hebräische Literatur als Beispiel für die Unmöglichkeit eines solchen Unterfangens. Sie ist entweder »klassisch« oder eine Serie von Kommentaren zur klassischen, oder aber eine seit dem Ende des 19. Jahrhunderts künstlich und gewollt produzierte. Im Fall der »klassischen« ist es ein Unsinn, nach dem Verhältnis zwischen Juden und Sprache forschen zu wollen, weil das gegenwärtig typisch Jüdische daran noch nicht im Spiel ist. Bei der Serie von Kommentaren ist so ein Forschen ebenso sinnlos, weil das Hebräische als »heilig« empfunden wird und dies auf das Sprachverhalten zurückschlägt. Und bei der »modernen« hebräischen Literatur ist eine verkrampfende Absicht spürbar, die eben erst sich zu lösen beginnt, und dort, wo sie sich löst, ist ebenfalls vom typisch jüdischen Sprachverhältnis nicht mehr die Rede.

Gegen die Untersuchung der sephardischen und jiddischen Literatur sprechen anders geartete Bedenken. Obwohl beide gewaltige Literaturen sind (die sephardische Dichtung zum Beispiel kann geradezu als eine der Wurzeln der westlichen Dichtung überhaupt angesehen werden), handelt es sich doch um Mundart-Literaturen. Es geht um eine gewollte Volkstümlichkeit, um einen Protest gegen das offizielle Hebräisch, so als ob die frühmittelalterliche Vulgärliteratur, dieser Protest gegen das Lateinische, nie selbst zu einer »offiziellen« Literatur geworden wäre. Dabei kann das typisch jüdische Verhältnis zur Sprache nicht ins Spiel kommen, weil eine solche Literatur ja gerade der Versuch ist, sich davon zu befreien.

Was nun die jüdische Literatur im weiteren Sinn des Wortes betrifft, also jene, die von Juden geschrieben wurde, so stellen sich deren Untersuchung zwei Hürden in den Weg. Erstens wird deutlich, daß die eben erwähnten »spezifisch jüdischen« Literaturen nicht Sonderfälle der weiten Definition sind, sondern in eine andere Klasse von Literatur gehören, und dies gerade deshalb, weil in den »spezifisch jüdischen« Texten das hier gemeinte typisch jüdische Sprachverhalten nicht zu Wort kommt: Es handelt sich ja um Texte, deren Absicht es ist, dieses Sprachverhalten zu »überwinden«. Die zweite Hürde hat damit zu tun, daß eine von Juden geschriebene Literatur weder räumlich noch zeitlich, noch auch nach irgendwelchen formalen Kriterien umrissen werden kann, um als Einheit untersucht werden zu können. Zwar gibt es räumliche und zeitliche Gipfelpunkte, bei denen eine von Juden geschriebene Literatur sich ziemlich deutlich abhebt (zum Beispiel die arabischen Texte des Mittelalters, die deutschen des 19. und der ersten Hälfte des 20. Jahrhunderts und die amerikanischen und französischen der Gegenwart), aber weder die Beteiligten selbst noch ihre Leser sind sich hinsichtlich der Zuordnung spezifischer Texte zur »jüdischen Literatur« einig. Sind zum Beispiel das »Kommunistische Manifest« oder die Freudschen Texte als Teil der jüdischen Literatur anzusehen? Wer dies, ohne Zweifel zu bekommen, bejaht, kann zu Recht des Antisemitismus verdächtigt werden.

Eine pauschale Untersuchung einer jüdischen Literatur nach einem typisch jüdischen Sprachverhalten ist demnach nicht tunlich, weil »jüdische Literatur« ebensowenig definierbar ist wie »jüdische Gemeinschaft«. Es bleibt also nichts anderes übrig, als sich an spezifische Texte zu halten, wobei allerdings zu bedenken ist, daß die Wahl dieser Texte die Untersuchung vorwegnimmt. Das muß leider in Kauf genommen werden, denn irgendwie muß man wohl doch das Phänomen

Juden und Sprache

»jüdisches Sprechen und Schreiben« in den Griff bekommen können?

Daß es um ein außerordentlich bedeutsames Phänomen geht, wird aus dem folgenden Beispiel ersichtlich: Die Evangelien, so wie sie uns zur Verfügung stehen, sind vielleicht auf zwei oder mehrere aramäische Urtexte zurückzuführen. Jedenfalls bedienen sich ihre Autoren der Koine als einer Sprache, in welcher sie anderssprachliche Informationen übermitteln wollen. Ob Jesus selbst aramäisch, hebräisch (oder vielleicht auch griechisch) gesprochen und gepredigt hat, ist den Evangelien nur schwer zu entnehmen. Die Evangelien sind nicht nur Texte, ohne welche unsere Kultur nicht bedacht werden kann, sondern auch sprachliche Höchstleistungen, und in ihnen kommt das hier gemeinte jüdische Verhältnis zur Sprache deutlich zum Ausdruck. Wenn zum Beispiel dort gesagt wird, im Anfang sei das Wort gewesen, dann ist dies keineswegs nur eine Entlehnung aus dem griechischen philosophischen Erbe, sondern auch Ausdruck des typisch jüdischen Verhältnisses zum Wort, zum »Namen«. Es ist nötig, die Evangelien vom Standpunkt dieses Sprachverhältnisses (zugleich Distanz und Intimität) zu untersuchen. (Wobei die Frage, ob die Evangelien der jüdischen Literatur zuzurechnen sind oder nicht, völlig sekundär wird.) Es wird also der Spuren-Redaktion* nichts übrig bleiben, als ihre Mitarbeiter aufzufordern, spezifische deutschsprachige Texte nach diesem Kriterium zu untersuchen, wenn sie sich der schwierigen aber unvermeidlichen Aufgabe stellt, das Verhältnis von Juden zur deutschen Sprache ins Licht zu rücken. Ich selbst würde vorschlagen, bei Heine, Kafka und Hannah Arendt zu beginnen, bringe aber damit meine eigenen Vorurteile zum Ausdruck. Jedenfalls wünsche ich viel Glück zu diesem Unterfangen.

---

*Der 1989 geschriebene und »eher als Brief..., nicht als Aufsatz« gedachte Text, zu dem Flusser angesichts seiner Veröffentlichung in der Zeitschrift »Spuren« ein Jahr später bemerkte, daß er »auf eigenen (wenn auch etwas wackligen) Beinen« steht, geht auf eine Kritik Vilém Flussers an einem in derselben Zeitschrift erschienenen Artikel »Deutsche Schriftsteller in Prag« zurück. Flusser bemängelte den »germanozentrischen Ansatz« des Schreibers, und der Herausgeber von »Spuren«, Hans-Joachim Lenger, reagierte mit dem Vorschlag, »ein Heft über Sprache, Politik und Judentum« vorzubereiten, in dem zu fragen wäre, »ob es das Problem der Lektüre eines ›Dazwischen‹ gibt, das in den metaphysischen Ordnungen des sogenannten Abendlands eher als Störenfried eingekreist wurde«. Flusser antwortete (Brief vom 5. März 1989): »Sprache, Politik und Juden: Diese Konstellation (die Alten würden stattdessen ›Kon-sideration‹ sagen), ist geradezu eine Herausforderung an Leute wie mich. Vielleicht wissen Sie, daß ich alles in fünf Sprachen schreibe (hoffentlich nicht, wie Sie sagen, ›dazwischen‹) und daß ich keinen Unterschied zwischen Übersetzen und Nachdenken (eben ‹Kon-siderieren›) mache. Ob dies eine ›verdrängte‹ Tradition ist oder ob nicht im Gegenteil erst gegenwärtig (angesichts der *word processor*) dies an die Oberfläche dringt, das ist eine der in Frage stehenden Dinge. Soviel ich weiß, schrieben die spanischen Juden dreisprachig (hebräisch-arabisch-kastelanisch) und vorher die babylonischen viersprachig (hebräisch-aramäisch-babylonisch-persisch). Lassen Sie mich darüber nachdenken... Noch ein Wort zu ›Juden = Übersetzer‹: hinübersetzen bedeutet nicht dazwischen sein, sondern überspringen. Sehen Sie sich mal eine Talmudseite an, vor allem den Raschi und den Pilpul. Wollen wir das ganz ernst nehmen?«

22

PILPUL (1)

*Die Lage des an den Westen
assimilierten Juden an einem Beispiel*

VON VIELEN GEBIETEN DES WISSENS und der Erfahrung her wird uns immer aufdringlicher der Begriff »Programm« angeboten. Zum Beispiel nur: Der gegenwärtige Stand des biologischen, psychologischen, kybernetischen und informationstheoretischen Wissens kann ohne diesen Begriff kaum auskommen, und unsere wirtschaftlichen, sozialen und politischen Erfahrungen machen uns diesen Begriff geläufig. Darum beginnen wir in unserem Leben eine fortschreitende Verwirklichung eines Programms zu sehen. »Leben« heißt Möglichkeiten verwirklichen, für die wir programmiert sind, und diese Möglichkeiten sind in zwei grundverschiedenen Programmen eingetragen, im »genetischen« und im »kulturellen«. Zum Beispiel ist die Möglichkeit, Kinder zu zeugen, in unserem genetischen, und die Möglichkeit, Bücher zu schreiben, in unserem kulturellen Programm eingetragen. Auf den ersten Blick sieht es so aus, als würden wir mit dem genetischen Programm geboren (als hätten wir es ererbt) und als hätten wir das kulturelle Programm zu erlernen (als würden wir es erwerben).

Tatsächlich ist die Sache aber nicht so einfach. Zum Beispiel ist das Sprechen im genetischen Programm des Menschen eingetragen (er besitzt die dazu notwendigen Organe und Zentren, die der Schimpanse nicht besitzt, im Neokortex), und trotzdem muß der Mensch, will er die Möglichkeit des Sprechens verwirklichen, eine kulturell gegebene Sprache (zum Beispiel Deutsch) erlernen. Das genetische und das kulturelle Programm überschneiden einander so vielschichtig, daß es beim menschlichen Verhalten beinahe sinnlos wird, »Natur« von »Kultur« unterscheiden zu wollen. »Ererben« und »erwerben« verschwimmen.

EINE JÜDISCHE LITERATUR?

Im Lauf meines Lebens verwirkliche ich Möglichkeiten, die ich nicht erworben habe (ich hatte es nicht nötig, sie zu erlernen), und doch sind diese Möglichkeiten sichtlich in meinem kulturellen, nicht in meinem genetischen Programm eingetragen. Zu dieser Art von Möglichkeiten zählen meine jüdischen Eigenschaften. Ich meine nicht nur sehr allgemeine Charakteristika (meine Art zu gestikulieren, meinen Typ von Humor, meine Neigung zu spezifischen Krankheiten), sondern ich meine auch ganz spezifische »Techniken« meines Denkens und Handelns. Zum Beispiel stelle ich überrascht fest, daß meine wissenschaftliche und philosophische Argumentation ganz ähnlichen Regeln folgt wie denjenigen des talmudischen Denkens, ohne daß ich je Kontakt mit dem Talmud gehabt hätte. Und ich stelle ebenso überrascht fest, daß viele jüdische Denker, von denen ich weiß oder annehme, daß sie den Talmud ebensowenig kennen wie ich, den gleichen Denkregeln folgen.

Diese meine Tendenz zum Talmudisieren stelle ich relativ spät fest, nämlich als ich beginne, mich im Laufe meiner Studien für die klassische jüdische Literatur zu interessieren. Daher meine Überraschung: Ich erkenne in einer mir fremden Literatur meine eigene Denktechnik wieder. Die Thematik der klassischen jüdischen Denker hat mit meiner eigenen so gut wie nichts zu schaffen. Ich lese die Midraschim, wie ich den Popol Vuh oder das Tibetanische Totenbuch lese. Und doch kann ich nicht leugnen, daß die »Logik« der Midraschim meine eigene ist, obwohl ich doch eine andere Logik, nämlich die griechische, glaube erworben zu haben. Diese überraschende Entdeckung ist peinlich. Es ist peinlich, feststellen zu müssen, daß die Technik, die man beim Denken anwendet, nicht bewußt ausgearbeitet wurde, sondern einem Programm entstammt, das man nicht gewählt hat und dessen man sich nicht einmal bewußt war.

Dem griechischen (!) Imperativ »Erkenne dich selbst« gehorchend, versuche ich also, ein wenig ins talmudi-

Pilpul (1)

sche Denken einzudringen, das mir so fremd ist und in dem ich doch nicht umhin kann, mich wiederzuerkennen. Dabei stoße ich auf zahlreiche Schwierigkeiten. Mein erworbenes Kulturprogramm bietet mir kaum Zugang zu diesen Quellen. Mein Hebräisch und Aramäisch sind zu armselig. Der kulturelle Kontext des Talmuds und der Talmudkommentare ist mir so exotisch wie derjenige der Xavanten. Die für das Talmudlernen nötige Disziplin widerspricht meiner Lebensweise. Die Werte des Talmudgelehrten, bei denen ich lernen müßte, erinnern mich ans Mittelalter und an die persischen Ayatollahs. Es bleibt mir nichts übrig, als mich dem Talmuddenken dank meiner erworbenen, westlichen Methoden zu nähern.

Ich habe gelernt, mit dem Nachschlagen in Lexika zu beginnen. In der Encyclopedia Britannica, im Larousse, im Brockhaus, im Meyer. Und im Meyer finde ich die folgende Eintragung: »Pilpul, die angeblich im 16. Jahrhundert ausgebildete sophistisch-spielerische Methode des Talmudstudiums, die in der Neuzeit aufgegeben wurde. Man spricht von ›Augsburger‹, ›Nürnberger‹ und ›Regensburger‹ P.« Dabei erinnere ich mich plötzlich eines längst vergessenen Ausdrucks: »Scheikerbilbel«. Er bedeutet, wenn ich nicht irre, »verschrobene und typisch jüdische Lüge«. Es ist ein Ausdruck jenes Prager Judendialekts, der bis zur Mitte des 19. Jahrhunderts gesprochen wurde und dessen sich meine Großeltern fragmentarisch bedienten, besonders, wenn ich sie nicht verstehen sollte. Das Suffix »-bilbel« kann nichts anderes sein als der von Meyer gemeinte Pilpul.

So kommt der Pilpul in mein Bewußtsein durch zwei konvergierende Wege. Durch den des Lexikons und durch den der nebelhaften Erinnerung an die Kindheit. Ich werde von zwei widersprechenden Gefühlen ergriffen. Vom Gefühl des Widerwillens gegen die Bedeutung des Wortes »Scheikerbilbel«: Das Talmudisieren erscheint darin als ein verschrobenes Lügen. Und von Schuldgefühl: Die Prager jüdische Kultur, die sich einst in jenem Dialekt artikulierte, ist untergegangen, und ich bin einer ihrer wenigen Reste, ohne an ihr tatsächlich teilgenommen zu haben. Ein zusätzliches Motiv, um zu versuchen, mich ein wenig ins Talmuddenken zu versenken. Dank hier nicht weiter zu beschreibender Methoden stelle ich fest, daß Meyers Definition des Pilpul zugleich richtig und falsch ist.

Sie ist insofern richtig, als (1) der Pilpul, wie die Sophistik, versucht, das Argument ad absurdum zu führen, (2) der Pilpul tatsächlich spielerisch ist, da seine Argumente wie »Züge« bei einem Brettspiel zum Sieg über den Gegenspieler führen sollen, und (3) der Pilpul tatsächlich eine auf Deutschland und auch zeitlich begrenzte Methode darstellt. Die Definition ist insofern falsch, als (1) der Pilpul nicht sophistisch ist, weil er sich das Absurdum nicht zum Ziel nimmt, sondern als Methode verwendet, (2) der Pilpul nicht spielerisch ist, weil er über das Spiel hinaus ins Unsagbare zielt, und (3) der Pilpul zwar seinem Namen nach auf das Deutschland der Renaissance beschränkt ist, aber als Denkmethode immer und überall beim Talmudisieren angewandt wurde.

Fackenheims Arbeiten erlauben mir, dem Wesentlichen am Pilpul, und am Talmudisieren überhaupt, näherzukommen. Wenn ich Undenkbares zu denken versuche, verfalle ich in Widersprüche. Bedenke ich zum Beispiel Gott, dann falle ich in den Widerspruch zwischen Allmacht und menschlicher Freiheit. Oder bedenke ich Geschichte im jüdischen Sinn, dann verfalle ich in den Widerspruch zwischen Offenbarung (Sinai) und Verhüllung (Auschwitz). Diese Widersprüche sind Zeichen dafür, daß hier Undenkbares zu denken versucht wird. Die westliche Philosophie ist ein Versuch, diese Widersprüche zu lösen: zum Beispiel die menschliche Freiheit angesichts der Allmacht, der Kausalität oder des Zufalls zu »erklären«, oder die Tatsache des Übels angesichts der göttlichen Güte, der menschlichen Vernunft oder des Fortschritts zu »erklären«. Kurz, die westliche Philosophie ist ein Versuch, Undenkbares denkbar zu machen. Das jüdische Denken ist

Pilpul (1)

im Gegenteil bemüht, diese Widersprüche als unlösbar, als Zeichen für die Begrenzung des menschlichen Denkens auszuweisen. Das jüdische Denken läuft gegen die Grenzen des Denkbaren an, nicht um diese Grenzen abzuschaffen, sondern um sie festzustellen. Das ist, so meine ich, Pilpul.

Dies würde die seltsame Dynamik der jüdischen Reflexion erklären. Sie ist ein Tanz um einen gegebenen Gegenstand, sie greift ihn von verschiedenen Seiten aus an, sie entfernt sich von ihm in verschiedene Richtungen, um sich ihm wieder zu nähern und dort mit anderen Reflexionen zusammenzustoßen. Übrigens ist diese Dynamik der Reflexion konkret aus der Talmudseite zu ersehen: der Gegenstand in der Mitte der Seite, die Reflexion in konvergierenden Kreisen. Der Horizont der jüdischen Reflexion (und der Talmudseite) ist das Undenkbare – ein Horizont, gegen den immer wieder vorgestoßen wird, ohne daß er je durchstoßen würde. Der Horizont der jüdischen Reflexion über welchen Gegenstand auch immer (sei es ein am Sabbat gelegtes Ei oder das Bartstutzen) ist immer Gott. Es geht hier um eine »Anti-Theologie«: die Theologie spricht über Gott, das Talmuddenken versucht aufzuweisen, daß es unmöglich ist, über Gott zu sprechen.

Mein Pilpul-Verständnis ist vielleicht nicht »orthodox«, aber das ist mir nicht wichtig. Wichtig ist mir, daß ich darin meine eigene Denktechnik wiedererkenne – meine eigene Art, über welchen Gegenstand auch immer nachzudenken. Und nicht nur meine eigene Technik erkenne ich darin wieder, sondern auch die von Marx und Freud und Husserl, um nur naheliegende Beispiele zu nennen. Ich erkenne darin überhaupt jene Tendenz wieder, über das Absurde hinaus zum Undenkbaren vorzudringen, wie sie sich seit Hiob und über Kafka hinaus äußert. Der Schock, den ich empfinde und den ich dem Leser dieses Aufsatzes vermitteln möchte, ist folgender: daß all dies, Marx, Freud, Husserl, Hiob, Kafka, in einem kulturellen Programm eingetragen ist, das man nicht erwerben muß und dessen man sich nicht bewußt sein muß, um von ihm programmiert zu werden. Goethe sagt: Was du ererbt von deinen Väter, erwirb es, um es zu besitzen. Der assimilierte Jude verfügt nicht über die Werkzeuge zum Erwerben des Ererbten. Das ist seine Tragik.

PILPUL (2)

Die endlosen Papierstreifen, die aus den Computern fließen, mögen eine Reihe von Lesenachteilen haben: Wie immer man sie auch faltet, sie rutschen durch die Finger. Aber sie haben einen Vorteil: Sie rufen in Erinnerung, was eigentlich ein Buch ist: eine mit übereinanderliegenden Buchstabenzeilen bedeckte Rolle, die zu Blättern zerschnitten wurde. Bei einigen Büchern mußte man früher (bei manchen vielleicht heute noch) die Blätter mit einem Papiermesser voneinander trennen. Wer mit der physischen Herstellung von Büchern keine Erfahrung hat (wie der Schreiber des vorliegenden Aufsatzes), wundert sich immer wieder, wieso jedes Blatt statt nur einer zwei bedruckte Seiten hat. Das ließe sich ohne weiteres erklären, aber man hat keine Lust, darüber aufgeklärt zu werden. Das Blättern ist wunderbar, und Aufklärung zersetzt Wunder. Das Wunderbare am Blättern ist, daß die Textzeilen, die durch das Buch hindurchfließen, zwischen den blätternden Fingern laufen und an beliebigen oder zufälligen Stellen unterbrochen und zum Stillstand gezwungen werden können. Eleganter gesagt: Blättern als eine Methode der Diskursanalyse.

Nicht alle Bücher jedoch erlauben solch ein Blättern. Bilderbücher zum Beispiel erfordern ein ganz anderes Blättern. Darauf kann leider hier nicht eingegangen werden, sondern die Bilderbücher wurden nur erwähnt, um auf die mönchischen Illuminationen zu sprechen zu kommen. Wozu verzierte man die Anfangsbuchstaben von einigen Zeilen? Man kann eine fromme und eine kunsthistorische Antwort auf die Frage geben. Die fromme: um den lesenden Blick vom Gleiten in die Kontemplation umzuleiten. Die kunsthistorische: um in die kostpieligen und daher kostbaren Texte eine ästhetische Dimension einzuführen. Aber es gibt noch eine dritte mögliche Antwort: um die blätternde Diskursanalyse zu vermeiden. Die frommen und künstlerisch-schöpferischen Mönche waren nämlich der Meinung, daß ein zeilenförmiges Denken von der Sache (von Gott und dem Seelenheil) wegführt. Sie meinten, man müsse zur Sache immer wieder zurück, und man müsse sie von beiden Seiten (vom Ja und vom Nein her) angehen, wenn man ihr gerecht werden wolle. Das ist die scholastische »sic et non«-Methode. Daher schienen ihnen Zeilenfolgen (Diskurse) der Analyse unwert. »Deum atque animam cognoscere cupisco. Nihil-ne plus? Nihil« (Augustin). Wenn ich nichts als Gott und die Seele zu erkennen wünsche, dann ist es ein Unsinn, die mir gebotene, beschränkte Zeit mit Diskursanalyse zu vergeuden.

Den mönchischen Texten ist jedoch dieser Wunsch, immer wieder auf die eigentliche Sache zurückzukommen, in ihrem Layout nicht anzusehen. Sie versuchen zwar, »sic et non« zu denken (zu »streiten«), aber das mönchische Gezänk schlägt sich dennoch als eine Folge von übereinanderliegenden Buchstabenzeilen nieder. Erst wenn wir eine Seite des Talmuds aufschlagen, ersehen wir aus der Gestalt des Textes, wie ein nicht-diskursives Denken aussieht. In der Seitenmitte steht ein Wort, oder einige wenige Worte, und um diesen Seitenkern drehen sich konzentrisch einige Textkreise. Man sieht auf den ersten Blick, der Seitenkern ist das Zu-bedenkende, Bedenkliche (das »Monumentale«), und die sich drehenden Kreise bedenken den Kern (es sind »Kommentare«). Aber diese Struktur ist nicht einfach: Die Kreise kommentieren nicht nur den Kern, sondern auch einander. Das nennt man »Pilpul«.

Die Absicht dieses Aufsatzes ist, die Aufmerksamkeit auf diese Seitenstruktur zu richten. Nicht der sogenannte »Inhalt« des Textes, sondern seine Gestalt steht hier in Frage. Die Tatsache, daß der Seitenkern ein Zitat aus jenem Buch ist, das die Christen das »Alte Testament« nennen, ist dabei nicht von Interesse, ebensowe-

Pilpul (2)

nig wie die Tatsache, daß die kommentierenden Kreise in zwei (allerdings miteinander verwandten) Sprachen, nämlich in Hebräisch und Aramäisch, verfaßt sind und daß ihre Abfassung Jahrhunderte in Anspruch nehmen konnte. Auch die Frage, ob das Wort »Pilpul« talmudischen Ursprungs ist, oder eine weit spätere Prägung, und was eigentlich das Wort meint, kann hier ausgeklammert werden. Für diesen Aufsatz ist »Pilpul« der Name der talmudischen Seitenstruktur, schon weil seinem Verfasser kein anderer Name dafür einfällt.

Angenommen, man würde versuchen, eine Talmudseite zu lesen. Die erste Schwierigkeit dabei ist nicht (wie man annehmen könnte), daß man die beiden Sprachen nicht kennt, daß in diesem Alphabet nur Konsonanten und nicht Vokale geschrieben werden und daß die äußersten Kommentarkreise so klein gekritzelt sind, daß ihre Buchstaben kaum entziffert werden können. Die erste Schwierigkeit ist, daß man nicht weiß, wie man sich beim Lesen einzustellen hat. Wo beginnt man zu lesen, dreht man das Buch im Kreis, dreht man sich um das Buch herum, und wenn man weiterliest, wie merkt man sich, wo man begonnen hat? Es geht bei diesem Lesen nicht nur um eine uns fremde Lesetechnik, sondern um eine uns fremde existentielle Einstellung überhaupt: Leute, die Talmud lesen (und einen großen Teil ihres Lebens damit verbringen), sind anders auf der Welt als wir, die wir gerade ausgerichtete Zeilen lesen. (Eine erschütternde Entdeckung, wenn man bedenkt, daß diese Leute nicht nur Einfluß auf die Politik Israels und auf die jüdischen Gemeinschaften in der Diaspora ausüben, sondern von sich behaupten, sie seien die einzig legitimen Juden.)

Das darf uns aber nicht von dem Versuch einer Lektüre abschrecken, und zwar aus folgender Überlegung heraus: Auf vielen, weit auseinanderliegenden Gebieten gibt es Anzeichen dafür, daß der Fortschritt dabei ist, in Leerlauf überzugehen – daß die Fortschrittlichen dabei sind, zu Anachronismen zu werden. Die Grundstruktur des Fortschrittsbegriffes ist die eines Ausgangspunkts

(Nullpunkts, Ursprungs), von dem aus eine oder einige Linien (seien es Geraden oder wie immer geartete eindimensionale Striche) ausgehen. Diese Grundstruktur kann verschiedene Varianten haben: Zum Beispiel können die Linien einander kreuzen, auseinanderstreben, oder es kann eine Hauptlinie geben, von welcher alle übrigen abweichen oder zu der sie hinstreben. Und sie kann auf zwei Arten gewertet werden: als Niedergang vom Guten ins Böse (altertümliche und mittelalterliche Wertung) oder als Aufstieg zu immer Besserem (neuzeitliche Wertung). In welcher Variante auch immer, der Fortschrittsbegriff ist zeilenförmig, linear, und zwar so, daß dabei die Irreversibilität der Linien vorausgesetzt wird. Kurz, der Fortschrittsbegriff ist strukturell mit der Buchstabenzeile identisch, ist vielleicht aus der Geste des linearen Schreibens und Lesens entstanden. Jedenfalls gibt es ein deutliches Feedback zwischen dem zeilenförmigen Schreiben und Lesen und dem fortschrittlichen Denken (und Handeln). Es sind diskursive Gesten.

Der Fortschrittsbegriff (der Begriff des Dis-kursiven, Pro-zessuellen) war nie die einzige verfügbare Methode, um die Realität zu begreifen. Es hat daneben immer schon wenigstens zwei andere Methoden gegeben: die des Kreis- und die des Steinchenbegriffs. Anders gesagt, die Realität läßt sich als ein Werden, als eine Welle (»Fortschritt«), als ein Sich-wiederholen, eine ständige Rückkehr (»Kreis«) und als ein Haufen von gestreuten Steinchen, als Partikelkomputation (»Kalkül«) begreifen. Obwohl diese drei Begriffe auf ganz verschiedenen Raum- und Zeitkategorien beruhen und obwohl sie in völlig verschiedenen existentiellen Stimmungen angesiedelt sind, kann man versuchen, sie miteinander zu koppeln. Dafür ein Beispiel: Der Code des Fortschrittsbegriffs ist die alphabetische Schrift, jener des Steinchenbegriffs sind die Zahlen, und der alphanumerische Code ist der jahrhundertelang erfolgreiche Versuch, diese beiden Begriffe zu synthetisieren (die Realität zugleich diskursiv und komputatorisch zu begreifen).

Pilpul (2)

Descartes' »Discours de la méthode«, die Transkodierung der Linie in Zahlen (»analytische Geometrie«), ist ein frühes Beispiel für den Versuch, Wellen als Tropfenmengen und Tropfen als Minimalwellen zu begreifen.

Diese Dialektik zwischen dem diskursiven und dem kalkulatorischen Denken (zwischen dem »historischen« und dem »formalen« Bewußtsein) kann gegenwärtig als überholt angesehen werden. Es kann kein Zweifel darüber bestehen, daß alles Denkbare formalisierbar ist (in Algorithmen ausdrückbar) und daß daher die Realität (was immer damit gemeint sein mag) besser in Zahlen als in Buchstaben artikuliert wird. »Die Welt ist unbeschreiblich, dafür aber zählbar.« Die Folge ist, daß alles Diskursive aus dem Formalen abgeleitet wird (wie z. B. die eingangs erwähnten endlosen Zeilenstreifen aus dem Digitalen). Die Welle erweist sich immer deutlicher als eine Projektion aus Steinchen, und die sogenannte »stehende Wahrscheinlichkeitswelle« kann als der Keim aller Diskurse angesehen werden. Seither geht es nicht mehr um Diskursanalyse (Zersetzen der Welle in Steinchen), sondern eher um Diskurssynthese (Zusammensetzen von Diskursen aus Steinchen). Computer sind nicht nur Rechenmaschinen, sondern auch Diskurszusammensetzmaschinen – »Künstliche Intelligenzen«.

Bei dieser verkürzten Schilderung des jämmerlichen Zusammenbruchs des Fortschrittsbegriffs fällt auf, daß die Kreisbegriffe scheinbar keinen Anteil daran haben. Es sieht so aus, als ob das historische von einem formalen Denken und Handeln abgelöst werden sollte (z. B. politische Voraussicht von futurologischen Szenarien oder politische Wahlen von Meinungsforschung), ohne daß dabei das Bewußtsein von der ewigen Wiederkehr des Gleichen (das »mythische« Bewußtsein) ins Spiel käme. Diesen Eindruck gewinnt man, weil man folgendes Modell im Kopf hat: Zuerst wurde das Kreisdenken zu Zeilen ausgerichtet (Beginn der Geschichte, 2000 v. Chr.), und jetzt wird das Zeilendenken in Steinchen zerhackt (von Descartes und Pascal bis zum Computer). Aber dieser Eindruck ist falsch: Neben Schreibern und Hackern hat es immer auch Kreisende gegeben, und diese Kreisenden können nicht nur die Schreibenden überleben, sondern zum künftigen Gegengewicht zu den Hackern werden. Um dies weniger metaphorisch zu sagen: Die Zukunft ist nicht nur technokratisch, sondern auch phänomenologisch.

An dieser Stelle ist ein kurzer Exkurs ins Judentum geboten. Das Buch, das von den Christen das »Alte Testament« genannt wird, heißt für die Juden »Tenach«, und das ist eine Abkürzung für »Tora: Lehre«, »Neviim: prophetische Bücher« und »Ketuvim = Hagiographen«. Alle drei Schriftstücke sind »Geschichten«: zum Beispiel wird dort die vergangene Geschichte erzählt, die künftige vorausgesehen, und Anekdoten, welche die Geschichte erklären (etwa die Geschichte Hiobs), werden erzählt. Selbstredend wird die gegebene Beschreibung dem Inhalt des »Alten Testaments« nicht gerecht, aber hier geht es nur darum, die Struktur der Sache zu fassen: Es handelt sich um einen linearen Diskurs, um ein »fortschrittliches Denken«. Wahrscheinlich ist dieser Diskurs, gemeinsam mit einigen zeitgenössischen griechischen Schriften, die Hauptquelle des historischen Bewußtseins (der okzidentalen Geschichte). Auf diesen Text folgt (chronologisch mit einigem Abstand) der Talmud.

Dabei handelt es sich um eine etwas chaotische Literatur, eine Art von Gestrüpp, in welchem nur Spezialisten sich tatsächlich orientieren, und um ein »offenes Werk«: Im Verlauf des Mittelalters und der Neuzeit mündet sie in die sogenannte »Responsenliteratur« (eine Art von Briefwechsel), und dann in eine nie unterbrochene Reihe von Kommentaren. Der wichtigste Kommentar ist wahrscheinlich RASCHI (Rabbi Salomon ben Isaak 1040–1107), der über dreißig Talmudkommentare verfaßte, welche ihrerseits von mehr als hundert Kommentatoren besprochen wurden. Die RASCHI-Kommentare sind auf vielen der oben beschriebenen Talmudseiten als äußerste Kreise sichtbar. So chaotisch

Pilpul (2)

der Talmud für Laien auch sein mag, er kann als ein nicht abgeschlossenes und nie abschließbares Kreisen um das »Alte Testament« angesehen werden.

Nun wäre es verführerisch, daraus etwa folgenden Schluß zu ziehen: Das diskursive, prozessuelle, historische Denken bildet im Judentum den Vorwand (»Praetext«) für ein kreisendes, magisch-mythisches Denken, für das Talmudisieren, für den Pilpul. Die Sache wird noch verführerischer, wenn man bedenkt, daß das »Neue Testament« ohne allzu große Schwierigkeiten als ein Teil des Talmuds angesehen werden (so sind die Gleichnisse von Jesu und die Briefe des Paulus zum Beispiel typisch Pilpul). Leider kann man sich die Sache aber nicht ganz so einfach machen und etwa sagen, die jüdischen (oft fanatischen) Talmudisten seien, ebenso wie ihre christlichen Parallelerscheinungen, Leute, welche das fortschrittliche Denken re-mythisieren – die gerade ausgerichteten Zeilen der Bibel in die Kreise der Talmudseite zurückbiegen. Denn deutlich geworden ist ja, daß der Talmud nicht prä-historisch ist, sondern post-historisch; daß Pilpul eine Denkmethode ist, die der linearen, diskursiven Methode aufsitzt; daß die Kreise, die auf der Talmudseite sichtbar sind, nicht Zyklen sind, sondern Epizyklen. Mit anderen Worten, daß es ohne Bibel keinen Talmud, ohne Geschichte keine Nachgeschichte geben kann und daß das Modell, wonach das kreisende Denken um das Jahr 2000 v. Chr. vom historischen abgelöst wurde, falsch ist.

Doch zurück zum eigentlichen Thema dieses Artikels. Der gegenwärtige jämmerliche Zusammenbruch des Fortschrittsbegriffs (der allerdings vielen Intellektuellen noch nicht voll bewußt ist) öffnet das Feld nicht nur dem kalkulatorischen Denken (dem synthetisierten Fortschritt), sondern auch dem Kreisdenken (dem Denken um den zu Steinchen zerhackten Fortschritt herum). Darum sollte man sich in nichts davon abschrecken lassen, eine Talmudseite zu lesen (Pilpul zu treiben).

Die den Seitenkern umzingelnden Kommentare sind

nicht nur auf diesen Kern, sondern ebenso gegeneinander gerichtet. Sie bilden nicht nur gewissermaßen ein Feld von Standpunkten um den Kern (etwa wie Elektronen ein Feld um den Atomkern bilden), sondern diese kreisenden Standpunkte ziehen einander teilweise an, um einander dann wieder teilweise abzustoßen. Um beim Atommodell zu bleiben: Es ist, als ob es im Atom nicht nur positive und negative Ladung gäbe, sondern die Elektronen verschiedene Sorten von Ladungen hätten. Dies weist auch auf den Unterschied zwischen Pilpul und der scholastischen »sic-et-non«-Methode. Beim Pilpul geht es nicht darum, die Sache, auf die man immer wieder zurückkommt, zu bejahen oder zu verneinen, sondern sie von so vielen Standpunkten wie möglich anzugehen und letztere dabei in gegenseitigen Konflikt zu bringen. So als ob Pilpul aus der »Wahr-Falsch«-Logik in eine mehrwurzelige Logik hinübergewechselt wäre. Das ist alles andere, nur nicht die Struktur des prähistorischen mythischen Denkens, obwohl es sich in beiden Fällen um ein Kreisen handelt.

Beim Vertiefen in die Talmudseite wird die dem Pilpul zugrundeliegende Epistemologie und Ontologie ersichtlich. Erkennen heißt für Pilpul die Einnahme möglichst vieler Standpunkte gegenüber dem Zu-erkennenden. Es kann kein vollkommenes Erkennen (keine definitive Wahrheit) geben, weil alles Zu-erkennende von einem unerschöpflichen Schwarm von Standpunkten umzingelt ist und nur dann völlig erkannt würde, wenn alle Standpunkte erschöpft wären. Das ist das Undogmatische am jüdischen Denken: Als Grenzwert ist die Wahrheit nie zu erreichen. Und diese Erkenntnistheorie (oder besser: Erkenntnispraxis) hat eine spezifische Ontologie zur Folge: Je mehr das Zu-erkennende erkannt wird, desto wirklicher wird es, und je mehr die Erkennenden erkennen, desto mehr können sie sich gegenseitig realisieren. Das will näher bedacht sein.

Solange sie nicht vom Talmud kommentiert wird, ist die Bibel nichts als ein Feld von Möglichkeiten, die nach Verwirklichung verlangen. Sie ist ein Ruf, der nach Hörern verlangt (»Schema Jisrael«: Höre Israel), um sich realisieren zu können. Wer diesen biblischen Ruf vernimmt und ihm folgt, dem wird er Beruf und Berufung. Das Aufsichnehmen dieses Berufs ist es, was im Judentum »das Lernen« genannt wird, und es besteht nicht nur darin, alle vorangegangenen Bibelkommentare nach Möglichkeit zu lernen und an ihnen weiterzuwirken, sondern auch darin, gemäß dem bisher Erkannten zu leben. Der Beruf des »Talmudisten« (falls man den von der Bibel Berufenen mit diesem Namen bezeichnen will) ist demnach, Verantwortung für die bisher erkannte Bibel zu übernehmen, und das heißt, zu weiterer Erkenntnis der Bibel aktiv beizutragen. Die außerordentliche Komplexität (Verworrenheit) des talmudischen Lernens und Lebens ist auf die Tatsache zurückzuführen, daß in jedem gegebenen Augenblick die Erkenntnis der Bibel unvollständig und voller innerer Widersprüche ist. Der geringste Gedanke (jedes Bit) und die geringste Handlung (jedes Aktom) können auf wirkungsvolle Weise »ausgelegt« werden. Was uns Okzidentale so an diesen Menschen abstößt, ist diese fanatische, widerspruchsvolle Auslegung von für uns bedeutungslosen Einzelheiten.

Falls wir diese Antipathie überwinden (kein leichtes Unterfangen), erkennen wir, daß es sich beim Talmudisieren nicht nur darum handelt, durch Erkennen und Befolgen die in der Bibel angelegten unerschöpflichen Möglichkeiten, sondern genauso sich selbst und seinen Nächsten zu realisieren. In jedem von uns sind unerschöpfliche Möglichkeiten angelegt (jeder von uns ist ein Möglichkeitsfeld), und diese Möglichkeiten werden durch das verantwortungsvolle Aufsichnehmen des biblischen Rufs verwirklicht. Da aber dieses Aufsichnehmen ein Tanz um einen Kern ist, wobei jeder von uns immer wieder mit einem anderen zusammenstößt, so läßt sich sagen, daß man beim verantwortungsvollen Aufsichnehmen des biblischen Rufs einander (jeder jeden) verwirklicht. Dabei stellt sich heraus, daß »Wirklichkeit« ebenso ein Grenzwert ist wie »Wahrheit«. Je mehr ich die Verantwortung für den biblischen Ruf übernehme, desto mehr verwirkliche ich die Bibel, mich selbst und meinen Nächsten.

Bedenkt man, welche Epistemologie und Ontologie sich bei der Betrachtung der Talmudseite herausgestellt hat, hat man ein Déjà-vu: Man erkennt die Husserlsche Phänomenologie wieder. Es soll nicht behauptet werden, daß Husserl bewußt auf die talmudische Tradition seiner Vorfahren zurückgreift oder daß seine Methode der Epoché und der Reduktionen »Pilpul« genannt werden dürfte. Es wird nur nahegelegt, daß dieses Zurücktreten vom zu bedenkenden Kern und dieses Immer-wieder-darauf-Zurückkommen eine Bewegung ist, die im Talmud und seinen Kommentaren seit Jahrhunderten geübt wird. Selbstredend kommen die Talmudisten immer wieder auf einzelne Aussagen der Bibel zurück, und das ist nicht Husserls »Sache«. Inhaltlich haben die phänomenologischen Untersuchungen mit dem Talmud kaum etwas gemeinsam. Aber die Struktur der Gedankenbewegung ist die gleiche. Und das heißt, es handelt sich um den gleichen grundlegenden »Glauben«, wonach jeder von uns für jeden von uns und für die Wirklichkeit verantwortlich ist.

Nicht nur das kalkulatorische Denken, sondern auch das soeben skizzierte »Pilpul«-Denken hat zum gegenwärtigen, jämmerlichen Zusammenbruch des Fortschritts beigetragen, und beide Denkweisen bedingen einander. Unter dem kalkulatorischen Blick wird jeder Prozeß zu einer Komputation aus punktuellen Elementen, also zu einer Verwirklichung von bloßen Potentialitäten. Unter dem Blick des Pilpul wird jeder Fortschritt zu einer Flucht vor der Verantwortung, welche darin besteht, immer wieder auf seinen Beruf zurückzukommen. Die Blickfelder beider Blickweisen überschneiden einander, überdecken sich und bilden eine »graue Zone«, in der wir nach Auflösung aller Prozesse, aller Diskurse, aller »Geschichte« werden leben müssen und dürfen. Es ist gegenwärtig voreilig, die Stimmung dieser Überschneidung fassen zu wollen,

Pilpul (2)

aber vielleicht läßt sich sagen, das kalkulatorische Denken und Handeln wird alles ehemals für wirklich Gehaltene (alle Objekte und Subjekte) zu Staub zerkörnern und dann wieder häufeln, und das Pilpul-Denken (die phänomenologische »Schau«) wird diesem absurden Komputieren einen Sinn verleihen. Das zumindest ist der »Glaube«, dem dieser Aufsatz aufgesetzt wurde; denn warum sonst hieße er »Aufsatz«?

AGNON ODER
DAS ENGAGEMENT FÜR DEN RITUS

Die Lektüre dieses Buches* bereichert den Leser vielfach, er kommt nicht ungeschoren davon. Diese Tatsache charakterisiert jedes große Kunstwerk: das Kunstwerk erregt. Die vielseitigen Veränderungen, die der Leser durch dieses Buch erleben wird, sind das Thema der Überlegungen, die folgen werden. Wir werden versuchen, einen Dialog mit Agnon, »mit dem andern, der uns ändert«, herzustellen. Der Dialog zwischen uns wird selbstverständlich nicht auf der gleichen Ebene stattfinden. Agnon hat gesprochen, und wir werden antworten. Das Gespräch wird sich infolgedessen auf dem von ihm gewählten Terrain abspielen, und dort ist er Meister. Es wird ein Dialog zwischen einem Lehrer und seinem Schüler sein, ein Dialog im Klima der Demut und Ehrfurcht, zugleich aber auch der Neugier und der Bereitschaft, Belehrungen anzunehmen oder abzuweisen. Meiner Meinung nach fußt unsere ganze Tradition (auch die jüdische) auf dem Dialog zwischen Lehrer und Schüler, und das Klima kritischer Demut müßte deswegen Agnon wertvoll sein. Auf diese Weise hoffe ich dem Buch gegenüber die Treue zu wahren.

Das Judentum, von dem Agnon in diesem Buch spricht, ist das sogenannte »orthodoxe« Judentum. Meiner Ansicht nach ist diese Bezeichnung völlig un-

---

*Samuel Josef Agnon, Novelas de Jerusalém, São Paulo: Editôra Perspectiva, 1967. Flussers Text ist das Vorwort zu dieser Sonderausgabe von Agnons »Jerusalemer Geschichten«, die anläßlich der Verleihung des Literaturnobelpreises 1966 an Agnon erschien. Agnon wurde 1888 in Buczacz, Galizien geboren und starb 1970 in Rehovot, Israel. 1908 emigrierte er nach Palästina, mußte das Land aber während des ersten Weltkriegs wieder verlassen. Agnon lebte bis 1924 in Deutschland, um darauf nach Erez Israel zurückzukehren.

Agnon oder das Engagement für den Ritus

passend, denn »orthodoxia« (die richtige Meinung) ist ein christlicher Begriff und bezeichnet das griechische Christentum. Der passendere Name für Agnons Judentum wäre »Orthopraxis« (das richtige Verhalten). Bedenken Sie zum Beispiel die unglaubliche Ansprache, die Agnon hielt, als ihm der Nobelpreis verliehen wurde. In dem hochentwickelten Schweden Ingmar Bergmanns und der vielen Selbstmörder, der Langeweile einer verbürgerlichten Aristokratie und eines verbürgerlichten Proletariats; in der existentiellen Öde einer Gesellschaft im Überfluß verhält sich Agnon korrekt. Er sagt die korrekten Segenssprüche auf und spricht sie gewiß mit der richtigen Intonation aus, begleitet von den richtigen Körperbewegungen. Die auffällige und brutale Unvereinbarkeit zwischen Agnons korrektem Verhalten und der Inkorrektheit der Umstände ist wahrscheinlich der Kern der Problematik, die uns Agnon vorsetzt. Seine Lehre ist meines Erachtens folgende: sich korrekt zu verhalten in einer für dieses Verhalten völlig unpassenden Situation. Agnon engagiert sich für korrektes Verhalten, gänzlich ungeachtet des Milieus und mit Abscheu vor diesem Milieu. Ein »orthopraktischer« Jude, »quand même«, in Camus' Sinn. Ein entschlossener Jude, der das Judentum gewählt hat. Er schleudert dieses Judentum vollkommen absurden, geschmack- und farblosen Umständen entgegen, um ihnen Wert und Sinn zu verleihen. Diese These möchte ich in diesem Aufsatz erläutern.

Durch die Schuld des schlimmen Titus* wurde Agnon nicht in Jerusalem, sondern im Galizien des habsburgischen, österreichisch-ungarischen Imperiums geboren. Dadurch stellt er seine Biographie geradewegs in die

---

* Gemeint ist der römische Kaiser, der ältere Sohn Vespasians und dessen Nachfolger auf dem Thron. Titus begleitete seinen Vater im Jahre 67 nach Syrien, um den Aufstand der Juden niederzuwerfen, und beendete den Feldzug im Herbst 70 mit der Einnahme Jerusalems, bei der der Tempel niedergebrannt wurde.

EINE JÜDISCHE LITERATUR?

Geschichte der letzten zweitausend Jahre. Selbstverständlich weiß Agnon, daß das nicht die einzig mögliche korrekte Interpretation ist, denn er kennt z. B. die christlichen, nazistischen, marxistischen und viele andere Interpretationen. Er ist nicht genau so wie jene Galizier, für die Titus der allein Schuldige an ihrer Entwurzelung ist. Für die authentischen Galizier (von denen viele in diesem Buch vorkommen) gibt es nur eine einzige Wirklichkeit, mit einer einzigen Wahrheit und Wertskala. Jeder vernünftige Mensch weiß, daß Titus an der Zerstörung des Tempels und der Entwurzelung des erwählten Volkes die Schuld trägt, so wie jeder vernünftige Mensch auch weiß, daß der Messias kommen wird, um die Welt in Ordnung zu bringen. Wer dies leugnet, ist entweder ein Dummkopf, ein Irrer oder einfach ein Bösewicht. Agnon ist kein Dummkopf, kein Ignorant, kein Bösewicht, er zwingt sich, vernünftig zu sein. Er wählt die Wirklichkeit, die Wahrheit und die Werte der Galizier, als ob sie die einzig möglichen wären, und lehnt alle anderen Wirklichkeiten ab, als wären sie gefährliche Illusionen. Er lehnt alle anderen Werte als Sünden ab, denn mehrere Wirklichkeiten zuzulassen hieße, die Absurdität der Welt zuzugeben. Mehrere Wahrheiten zuzulassen wäre Skepsis, und eine Vielfalt von Wertskalen zuzulassen hieße, daß alles erlaubt ist. Das gibt Agnon nicht zu, und ebenso nicht, daß die Welt bodenlos ist und daß jedes Urteil, jede Handlung vergeblich sind. Um es nicht zugeben zu müssen, wählt er, Jude zu sein. Sein Judentum war dem radikalen Zweifel unterworfen, und es ist Antwort auf diesen Zweifel. Agnon ist nicht wie seine Galizier.

Agnon schlägt vor, einen Unterschied zwischen dem Glauben und dem Engagement zu machen. Agnons Galizier haben den Glauben an das Judentum, und er selbst ist dafür engagiert. Worin liegt der Unterschied? Er hat selbstverständlich etwas mit Naivität zu tun. Der Glaube ist naiv, und das Engagement bemüht sich hoffnungslos darum, es zu sein. Da uns dieses Problem nahegeht, sollten wir versuchen, uns darin einzuleben.

Agnon oder das Engagement für den Ritus

Vergleichen wir also Agnon mit seiner Tilli aus der Geschichte »Tehila«. Tilli ist, wie Agnon, im Milieu des galizischen Judentums geboren. Sie akzeptiert das Milieu, ohne je Zweifel an ihm gehabt zu haben. Die anderen Juden und Nichtjuden, die Kultur und Natur, inmitten derer sie lebt, haben Sinn und Wert für sie. Das Leben hat hier eine Bedeutung, und Tilli kann zwischen dem Echten und dem Falschen, zwischen positiven und negativen Werten unterscheiden. Wissen heißt, zwischen Wahrem und Falschem zu unterscheiden, und Handeln bedeutet, Gutes zu tun oder Schlechtes zu lassen. Tilli kennt die Wahrheit, gibt sie aber nicht immer zu. Sie weiß, was gut ist, übt es aber nicht immer aus. Das ist ihr Problem. Sie weiß nicht immer, ob sie Recht hat, doch weiß sie, daß »Rechthaben« möglich und wünschenswert ist. Tillis Zweifel (ein fürchterlicher Zweifel) bezieht sich auf die Gültigkeit ihrer Gedanken und Handlungen. Sie stellt ihre Gedanken und Handlungen in Frage, doch nicht die Gültigkeit selbst, die sie als »objektiv« annimmt. Gott wird objektiv ihre Gedanken und Handlungen richten. So fürchterlich Tillis Zweifel auch ist, er geht nicht bis auf den Grund. Tilli weiß gar nicht, daß der Grund bezweifelt werden kann. Sie kommt infolgedessen nicht darauf, daß ihre Welt, mit ihrer Bedeutung und ihren Werten, ein »Modell« ist. Der Glaube kann, meiner Meinung nach, folgendermaßen definiert werden: er ist ein Zweifel, der sich nicht auf die Struktur seines eigenen Modells erstreckt.

Agnon hat entdeckt, daß das galizische Judentum ein »Modell« ist. Diese katastrophale Entdeckung (die der Verlust des Glaubens ist) läßt den Menschen aus seinem Modell herausfallen. Der Mensch verliert sich. Sein Leben lang wird er sich zu finden versuchen und wird die ganze Zeit das Gefühl haben, (mit dem Verlust der Wirklichkeit, des Sinns und Wertes) verdammt zu sein. Jetzt betrachtet der Mensch sein Modell von außen, und neben seinem eigenen sieht er andere Modelle. Eine Unzahl von Modellen. Aus seiner verzweifelt distanzierten Position kann er nun die Strukturen der Modelle miteinander vergleichen. Er kann Meta-Modelle bauen, die verschiedene andere Modelle einschließen. Er kann Meta-Modelle von Meta-Modellen bauen. In einem infiniten Regreß kann er in Richtung des Nichts absteigen. Der Mensch wird von einem metaphysischen Schwindel erfaßt. Er zittert vor einer unheilvollen Kälte. Laut Nietzsche »wird es, nachdem wir Gott getötet haben, immer kälter«. Das wahnsinnige, radikale Versinken in Gedanken führt zur Entdeckung des eigenen »Selbst« als eines endlosen Abgrunds. Durch das Suchen verliert sich der Mensch immer mehr in diesem Abgrund. Kafka sagt, daß der Mensch sein Leben damit verbringt, den Wunsch zu bekämpfen, es zu beenden.

Es ist möglich, diesen unheilvollen Abstieg (oder Aufstieg) umzukehren. Der Mensch kann den Prozeß des Insichgehens unterbrechen und kann sich mit ganzer Kraft für eines der so wahnsinnig »überholten« Modelle entschließen. Da sich der Mensch (infolge seiner Bodenlosigkeit) nicht in sich selbst finden kann, kann er sich mit einem frei gewählten Modell identifizieren. Alle Modelle sind gleichwertig, weil sie im Hinblick auf bestimmte Meta-Modelle übereinstimmen. Das Judentum, der Marxismus, der Katholizismus koinzidieren, und sollte das nicht der Fall sein, kann ich Meta-Modelle von Meta-Modellen erfinden. Es ist also gleichgültig, welches Modell ich für mein Engagement wähle. Da es gleichgültig ist, wählt Agnon das Modell, das er beim Verlust seiner selbst verlassen hat: das Judentum. Diese Identität des verlassenen Modells mit dem neugewählten Modell läßt seinen Entschluß und sein Werk ambivalent werden. Hätte Agnon den Marxismus oder Katholizismus gewählt, wäre die Kritik seines Werkes einfacher. Er hat aber das Judentum gewählt. Sein Werk ist von der Sinnlosigkeit seiner Wahl durchdrungen, zugleich aber auch von den Resten des überholten, verlassenen, authentischen Judentums. Meiner Ansicht nach ist das Engagement der verzweifelte Versuch, einen für immer verlorenen Glauben und die für immer verlorene Unschuld zu erzwingen. Deshalb sind der Glaube

Agnon oder das Engagement für den Ritus

und das Engagement ihrem Klima nach so verschieden, obwohl sie sich öffentlich in so ähnlicher Weise manifestieren: Der Glaube spielt sich vor einem unbezweifelbaren, das Engagement vor einem absurden Hintergrund ab.

Ich glaube, daß dies teilweise das Gefühl erklärt, das uns bei der Lektüre Agnons überfällt. Um einen tieferen Einblick zu gewinnen, müssen wir die Struktur des Judentums als Modell nehmen, insbesondere des »orthodoxen« Judentums (das ich vorgeschlagen habe, »orthopraktisch« zu nennen, um seine Funktion besser zu verstehen). Ein Wort charakterisiert dieses Modell: der Ritus. Das jüdische Leben ist als Ganzes und auch in seinen Einzelheiten ein ritualisiertes Leben. Versuchen wir den Begriff des Ritus ein wenig zu erhellen. Der Ritus ist jede Bewegung innerhalb des heiligen Raums, und er heiligt alles. Als Ritual ist das jüdische Leben heilig, und es heiligt, was davon berührt wird. Das Wort »heilig« ist zweideutig, und es muß geklärt werden, weil es z. B. für die Griechen eine ganz andere Bedeutung hat als für die Juden. Für die Juden ist es das übernatürliche und außernatürliche Fundament, das die Natur begründet, sie durchdringt und in ihr ausbricht. Strenggenommen ist Gott heilig und auch der Sabbat, als Unterbrechung der historischen Zeit und Bruch innerhalb der Natur, ist es. Der jüdische Ritus geht im heiligen, übernatürlichen Raum des Sabbats vor sich, und in diesem Sinne ist er heilig. Jede individuelle jüdische Handlung und das ganze jüdische Leben ist ein Opfer, das die Natur überwindet. Der jüdische Ritus opfert die Natur und heiligt sie dadurch. Das ist der Sinn des grundlegenden Satzes, der gebietet, Gott »über« alles zu lieben. Das Leben als Opfer, als ein »Heiligmachen«, als »Machen« also – das ist das Judentum. Es ist eine »Orthopraxis«.

Ich glaube, daß es das ist, was das Judentum von anderen Modellen unterscheidet. Es betont das Machen und unterdrückt das Wissen, betont die Handlung und unterdrückt das Denken. Im Judentum gibt es einen la-

EINE JÜDISCHE LITERATUR?

tenten Anti-intellektualismus und eine antiphilosophische Tendenz. Ist das Verbot, sich Bilder zu machen, nicht eigentlich das Verbot, sich Ideen zu machen? Meiner Ansicht nach erklärt das die sonderbare Praxis der Kommentare von Kommentaren der traditionellen jüdischen Literatur. Ich sprach von einer »sonderbaren Praxis«, weil sie größtenteils mit dem Milieu, in dem sie sich abspielt, nichts zu tun hat. Es ist also eine sehr unpraktische Praxis. Ein Denken »terre à terre«, wobei die Erde nicht von dieser Erde ist. (So wie die Frage, die Agnon erwähnt, ob der Segensspruch für eine Reise zu Beginn, in deren Verlauf oder am Ende gesagt werden soll). Die jüdische Praxis ist also die Praxis des Ritus.

Ich zweifle nicht daran, daß Agnon diese Struktur des Judentums absichtlich anwendet. Die jüdische Abneigung gegen jede Theorie paßt ausgezeichnet zu der Ansicht desjenigen, der die Müßigkeit jeder »Erklärung« erfahren hat und den Versuch, das Absurde zu theoretisieren, aufgibt. Das Judentum ist beinahe das ideale Modell für denjenigen, der an Modelle nicht glaubt. In dieser Behauptung steckt eine wahrscheinlich jüdische, selbstzerstörerische Ironie. Das Werk Agnons hat dieses Aroma. Beim Lesen verspürt man jedesmal, wenn die rituelle Formel »Gesegnet sei die Erinnerung« in seinem Text erscheint, ein hämisches Lächeln; doch ein ganz flüchtiges Lächeln, das, wie ein verschwörerisches Zwinkern zum Leser hin, schnell wieder unterdrückt wird. Damit ein Engagement zu einem wirklichen Engagement wird, muß es mit Leib und Seele gelebt werden, obwohl es kleine Lücken in Richtung jenes absurden Horizonts erlaubt, gegen den der Entschluß zum Engagement gefaßt wurde.

Es gibt noch etwas anderes, das bedacht werden muß und mit dem Konzept der Treue zu tun hat. Agnons Engagement für den jüdischen Ritus ist ein bewußtes, freigewähltes Aufsichnehmen eines Schicksals, welches eine Gruppe (ein »Volk«) charakterisiert, in die er bei der Geburt, also absurderweise, geworfen wurde. Es handelt sich um ein Annehmen seiner selbst, um Treue

Agnon oder das Engagement für den Ritus

zum eigenen Schicksal, das das Schicksal des »Volkes« ist, Nietzsches »amor fati«. Eine kleine ironische Spitze ist dabei, wie in der typisch jüdischen Geschichte, nach der ich stolz darauf bin, ein Jud zu sein, weil ich auch einer wäre, ohne stolz darauf zu sein. Treue und Glauben sind beinahe Synonyme (»fides«, »Emuna«), und wenn ich eins von beiden verloren habe, werde ich das andere nie authentisch wiedergewinnen. Ich kann das Schicksal nicht auf mich nehmen, denn wenn ich es könnte, wäre es kein Schicksal mehr. In den wiederholten Beteuerungen Agnons seiner Treue dem Volk und Jerusalem gegenüber kommt die ambivalente Tragik seines Standpunktes klar zum Vorschein.

Das Problem der Treue dem Judentum gegenüber erweckt im Leser vielleicht eine von Agnon nicht beabsichtigte Reaktion. Das Judentum ist ein Modell, und Agnon beweist es. Jedes Modell entwirft eine Welt; in diesem Sinn ist jedes Modell universal. Das Wort »universal« hat aber noch eine andere Bedeutung: Ein Modell ist universal, wenn es allen offen steht. Das Judentum ist universal, weil es alles erklärt, und nicht, weil alle Juden sein können. Darin unterscheidet es sich von Modellen, wie sie der Freudianismus, Marxismus oder der Katholizismus sind. Es gibt im Judentum ein pfarrliches, einschränkendes, ausschließendes Moment, ein nationalistisches Moment. Das Problem der Treue stellt sich im Judentum anders als in einem offenen Modell. Die Treue zum Judentum setzt den Entschluß zur Segregation und zum Separatismus voraus. Daraus folgt, daß Agnon zwei Klassen von Lesern hat: Juden und Nicht-Juden. Das ist bei katholischen oder marxistischen Autoren nicht der Fall. Alle Leser sind potentiell Katholiken (oder Marxisten), und der Autor bemüht sich, alle anzusprechen. Agnon kann infolge des jüdischen, separatistischen Modells nur die jüdischen Leser ansprechen. Agnon stellt einen ambivalenten Dialog her. Ich werde mich zuerst dem nicht-jüdischen Leser zuwenden.

Agnons Engagement ist mir (dem Nicht-Juden) unzugänglich, und das ist ein klarer Beweis für die Sinnlosigkeit des Engagements. Agnon hat das Judentum gewählt, als wollte er beweisen, daß es gleichgültig ist, was man wählt, solange man nur eine Wahl trifft. Die Welt bekommt Sinn und Wert, sobald ich meine Wahl treffe und ihr entsprechend lebe. Hätte Agnon den Marxismus gewählt, wäre die Sinnlosigkeit in den Augen der Nicht-Juden nicht so offensichtlich. Das Judentum (das ich als Nicht-Jude nicht wählen kann) gibt der Welt ebenso Sinn und Wert wie jedes andere Modell, das mir offen steht. Agnon fordert mich auf, zu wählen, dann der Wahl entsprechend zu leben und mich dem Absurden nicht hinzugeben.

Darin erschöpft sich Agnons Aufforderung jedoch nicht. Sie enthält einen Appell zur Demut und sagt: Ich habe entdeckt, daß die Welt, in die ich bei der Geburt geworfen wurde, modelliert ist. Ich habe meinen Glauben an sie verloren. Dessen kann ich mich nicht rühmen, im Gegenteil, es ist ein Grund für meine Beschämung. Ich bin mit meinem Zweifel zu weit gegangen und büße jetzt. Um mich in die verlorene Welt von neuem zu integrieren, muß ich mich doppelt anstrengen. Das bedeutet, daß ich mich »identifizieren«, den falschen Stolz der Überholung verlieren und bis zu den Wurzeln vordringen muß. Agnon empfiehlt die Radikalität einer Rückkehr zu den Wurzeln. In diesem Sinn betrifft mich, den Nicht-Juden, Agnons Treue zu Jerusalem. Es ist eine Rückkehr zu den Wurzeln; auch zu meinen Wurzeln. Für mich ist Agnon kein volkstümlicher Schriftsteller, der fremdartige Sitten einer exotischen Gruppe schildert. (Agnon empört sich mit Recht gegen eine volkstümliche Interpretation des Judentums.) Ich lese Agnon als einen Lehrer, der mich die Demut der radikalen Identifikation lehrt. Ich, der nicht-jüdische Leser, kann auf diese Weise einen Dialog mit Agnon herstellen.

Agnon legt dem nicht-jüdischen Leser die zwei fundamentalen Aspekte seiner Philosophie dar: Alle Modelle sind gleichwertig, und da dies so ist, versuche du dich in dein ursprüngliches Modell zu reintegrieren, in

Agnon oder das Engagement für den Ritus

dem du deine Wurzeln hast. Versuche dich zu identifizieren. Wenn du so handelst, wirst du von dir selbst und von den andern respektiert. Der nicht-jüdische Leser kann mit dieser Aufforderung einverstanden sein oder nicht, doch kann er sie nach der Lektüre des Buches nicht ignorieren. Agnon berührt den nicht-jüdischen Leser tief.

Der jüdische Leser erlebt Agnons Argumente anders, und ich stelle mir vor, daß seine Wirkung im hebräischen Original noch viel stärker ist als im Portugiesischen. Agnon sagt diesem Leser folgendes: Ich bin alt. Ich erinnere mich noch an die Zeit, als die Welt Wert und Sinn hatte (an die Zeit, als die »Tora« mit Liebe gelernt wurde). Ich erinnere mich an die galizische Stadt, an das heilige und ritualisierte Gewebe, in dessen Maschen das Erlebnis des Absurden keinen Platz hatte. Und ich erinnere mich über die galizische Stadt hinaus an die andere, an das himmlische Jerusalem. Ich habe aufgehört, mich in die erste Stadt zu integrieren, und verlor den Glauben an die zweite. Ich bin ins irdische Jerusalem hinabgestiegen und bin durch die profane, seichte und platte Welt gezogen. Du, mein Leser, befindest dich wahrscheinlich entweder im irdischen Jerusalem oder in der profanen Welt. Folge mir, ich habe mich entschlossen, nach Hause zurückzukehren. Die Rückkehr ist nicht leicht, die galizische Stadt ist verschwunden. Das himmlische Jerusalem ist vom irdischen Jerusalem verdeckt. Und unter uns gesagt: Sollte es die galizische Stadt noch geben, sie würde uns nicht mehr aufnehmen. Das himmlische Jerusalem war ein Traum, aus dem wir erwacht sind. Die Rückkehr ist nicht leicht. Aber sie ist möglich. Sie ist keine Rückkehr, sie ist ein Fortschritt. Errichten wir das Gewebe der Heiligkeit, des Ritus und des Opfers auf einer anderen Ebene – als Verneinung der profanen Welt und als Heiligung des irdischen Jerusalems. Wählen wir mit Überlegung, was wir und unsere Ahnen ehemals spontan taten. Flicken oder spinnen wir mit Überlegung den Faden der Tradition, der nicht so sehr durch die letzten Katastrophen, sondern infolge des nihilistischen Zweifels, der das 20. Jahrhundert charakterisiert, gerissen und zerschnitten ist. Es ist möglich (obwohl es schwierig ist), und es ist nötig, sollen wir nicht in den Abgrund des Absurden stürzen. Entschließen wir uns, Einam neu zu entdecken, und wenn nötig, erfinden wir Einam, um es entdecken zu können.

Für den jüdischen Leser gibt es in all dem etwas wie Sehnsucht und eine (meiner Ansicht nach gefährliche) Spitze von Nationalismus. Agnons Prämissen lassen sich jedoch nicht leugnen. Seine Diagnose unserer Situation ist richtig. Wir sind in Camus' Sinn Fremde. Wir sind Fremde als Existenzen, die in ein absurdes Milieu geworfen wurden. Fremde sind wir auch als Juden, ausgestoßen aus dem Glauben – als Ex-Juden. Wir sind der Prototyp des Fremden und deshalb leben wir in einer so fremden, kafkaesken Welt. »Da stimmt etwas nicht«, in Heideggers Worten. Und Agnon hat zweifellos Recht, es uns zu demonstrieren.

Hat er aber auch mit der entworfenen Therapie recht? Kann sie ehrlich gelebt werden? Meine Frage ist folgende: Ist die Schwierigkeit der Rückkehr (oder des Fortschritts) zum »orthopraktischen« Judentum nur die nicht zu leugnende »Schwierigkeit« des »Machens« oder handelt es sich nicht vielmehr um die Schwierigkeit des Opfers des Intellekts? Das ist die Beunruhigung, Erschütterung und Veränderung, die der jüdische Leser bei der Lektüre dieses Buches erlebt. Wir können nicht mit der gleichen Leichtigkeit der Aufforderung zum transzendenten Zionismus folgen, wie wir die Aufforderung zum immanenten Zionismus entweder akzeptieren oder ablehnen. Der transzendente Zionismus berührt uns als Existenzen und nicht nur als Juden. Er greift unsere Integrität an und nicht nur unsere jüdische Bedingung. Mit anderen Worten, er appelliert an unsere Religiosität oder an die freie Stelle, die der Religiosität reserviert ist. Agnon berührt auch den jüdischen Leser tief. Ich weiß nicht, ob sich Agnon ganz darüber Rechenschaft gibt, daß er einen doppelten Dialog führt;

Agnon oder das Engagement für den Ritus

einen mit dem nicht-jüdischen und einen anderen mit dem jüdischen Leser. Sollte er sich seiner Duplizität völlig bewußt sein, so ist die Tragödie seiner ambivalenten Position jedoch beinahe unerträglich.

Agnons Lehre scheint mir folgende zu sein: Die Welt ist absurd, sinnlos, und alles ist in ihr erlaubt. Jeder Versuch, das Absurde zu verdecken und der Welt irgendeinen Sinn und Wert geben zu wollen, ist das Gleiche wert, und daher ohne Wert und Sinn. Diese Entdeckung aber kann man nicht hinnehmen; denn es gibt trotz allem Modelle, und mein Modell ist zufällig das Judentum. Glücklicherweise ist das Judentum ein Modell, das alle Modelle verneint (ironischerweise sogar sich selbst), weil seine eigene Struktur das Opferritual ist, infolgedessen das Absurde. Ich, Agnon, engagiere mich für dieses Modell. Auf diese Weise bleibe ich den Meinen und mir selbst treu und zugleich betone ich dadurch die Absurdität von allem. Ich kann z. B. den König von Schweden rituell segnen, oder das Brot in einem kafkaesken Restaurant. Auf das Absurde antworte ich mit Absurdem. Zur gleichen Zeit bewahre ich mir in einem Winkel meines Seins den Rest einer verlorenen Hoffnung, daß das Absurde das ganz Andere ist, das sich ehemals auf dem Berge Sinai unserem Meister enthüllt hat.

Die Lektüre einer solchen Lehre erschüttert uns und erfordert Zeit, um verdaut zu werden. Es tauchen verschiedene Fragen auf, zum Beispiel: Ist Agnon Antwort auf Camus, oder ist er ein weniger radikaler Camus? Ist Agnons Judentum modern, eines nach Wittgenstein oder absichtlich anachronistisch? Weisen Agnons Geschichten in die Zukunft oder sind sie Steine auf unseren Gräbern? Ido oder Einam? Viele der Fragen bleiben unbeantwortet, doch eines ist sicher: Unser Ringen um Identität (eines jeden von uns), um den Sinn der Wirklichkeit und ihren Wert, erhält mit diesem Buch eine neue Dimension. Wir werden verändert; und ist es nicht notwendig, sich zu ändern, um sich zu identifizieren?

WARTEN AUF KAFKA

Ein literarisches Werk ist Ausdruck eines Intellekts. Es ist die sprachliche Form, in der sich ein Intellekt realisiert. Indem er sich realisiert, nimmt der Intellekt am allgemeinen Gespräch teil. Ein literarisches Werk ist also Glied des großen Gesprächs, das wir – grob gesagt – »Zivilisation« nennen können. Als wesentlicher Teil des Gesprächs hat das literarische Werk zwei grundlegende Aspekte: Es beendet das vorhergehende Gespräch und ruft das folgende hervor.
Im ersten Fall ist es Antwort, im zweiten Provokation. Es gibt also zwei grundlegende Möglichkeiten, ein literarisches Werk einzuschätzen: Wir können versuchen, es als eine Antwort zu verstehen oder ihm als Provokation entgegenzutreten. Im ersten Fall werden wir das Werk analysieren; im zweiten werden wir mit ihm ein Gespräch führen. Das Gebiet des ersten Versuchs ist die Kritik. Das Werk wird auf diesem Gebiet als Synthese der Provokationen angesehen, denen der Intellekt, in welchem das Werk entstand, ausgesetzt war. Das Gebiet des zweiten Versuchs ist die Spekulation. Auf diesem Gebiet wird das Werk als eine Botschaft des Intellekts erlebt, in welchem das Werk entstand, als eine Botschaft in unsere Richtung.

Die zwei Gebiete können nicht streng gegeneinander abgegrenzt werden. Die kritische Untersuchung erweckt in unserem Intellekt spontan das Erlebnis der Botschaft des Werks. Die Spekulation über die Botschaft erweckt spontan unsere Neugier hinsichtlich der Elemente, die das Werk ermöglicht haben. Nichtsdestoweniger entsprechen den beiden Gebieten zwei verschiedene »Stimmungen«. Dem Gebiet der Kritik entspricht die Einstellung der Neugier; dem Gebiet der Spekulation entspricht die Einstellung der Sympathie,

Warten auf Kafka

im griechischen Sinn des Wortes (»Mit-Schwingung«). Dieses Wort »Sympathie« sprießt aus dem Humus der Musik. Betrachten wir beispielsweise die Viola d'amore: in ihr schwingen bestimmte Saiten in Sympathie mit den Saiten, die vom Bogen gespielt werden. Bei der Annäherung an das Werk Kafkas bitte ich den Leser um die Einstellung der Sympathie – um den Versuch, den eigenen Intellekt in Saiten zu verwandeln, die in Sympathie mit Kafkas Saiten schwingen. Es bedarf einer großen Anstrengung. Kafkas Werk ist nicht »sympathisch« im geläufigen Sinn des Wortes. Es scheint indessen um unsere Sympathie zu bitten, in einem nicht ausschließlich musikalischen Sinn. Es ist kein Zufall, daß ich die Viola d'amore als Beispiel wählte.

Zwei Schwierigkeiten stellen sich uns entgegen, wenn wir unseren Geist der Botschaft von Kafkas Werk zu öffnen versuchen. Die erste bezieht sich auf die Form, die die Botschaft annahm, d. h. auf die Sprache. Die zweite bezieht sich auf die übermäßige zeitliche Nähe von Kafkas Werk, eine Nähe, die uns eine distanzierte Einstellung unmöglich macht. Die Beachtung der beiden Schwierigkeiten ist nötig, noch bevor wir die Botschaft wirklich betrachten, weil die Schwierigkeiten die Botschaft selbst charakterisieren.

Kafkas Werk ist deutsch geschrieben. Das ist kein Zufall, ist es doch fundamental für sein Werk. Die Gedanken, die Kafkas Werk ausmachen, sind Sätze der deutschen Sprache. Als solche werden diese Gedanken von der Struktur der deutschen Grammatik regiert. Kafka hatte deutsche Gedanken, und alles, was er dachte, war a priori von der Grammatik dieser Sprache geprägt. Bei der Übersetzung in andere Sprachen erleiden seine Gedanken eine strukturelle Verzerrung, wodurch die Sympathie mit den übersetzten Gedanken vielleicht auf Irrtümern basiert. Diese Schwierigkeit, die allen Übersetzungen innewohnt, erhält im Fall von Kafkas Werk eine ungewöhnliche Bedeutung. Das Schriftdeutsch, das »Hochdeutsch«, ist eine weniger einheitliche Sprache als die Mehrzahl der anderen zivilisierten

Sprachen. Sie ist tatsächlich eine »lingua franca« zwischen den Dialekten und spiegelt, obwohl in abgeschwächter Weise, den Dialekt der Region des Autors. Kafka schreibt die Sprache Prags, die ein Hochdeutsch sui generis darstellt. Sie ist eine literarische Sprache, keinem authentischen Dialekt zugehörig, da die Gruppe, die sich ihrer bedient, aus Intellektuellen oder Pseudointellektuellen besteht, in einem slawischen Milieu isoliert. In den Kanzleien des Kaisers Karl IV. in Prag entstand jene offizielle und künstliche Sprache, die dem modernen »Hochdeutsch« den Ursprung gab. In diesem Sinn ist das Prager Deutsch das »reinste«, d. h. das sterilste und trockenste Deutsch. Auf der anderen Seite erfährt diese Sprache eine ununterbrochene Einwirkung des Tschechischen, dessen Struktur dem Deutschen ganz fremd ist. Zum Teil saugt die Prager deutsche Sprache diese Struktur auf, ohne sie je assimilieren zu können. Das Resultat führt zu einer Sprache, die auf groteske Weise offizielle Sterilität mit verschrobenem Sprachgemisch verbindet. Ich gebe zwei Beispiele, das eine, um das Künstliche, und das andere, um das Sprachgemisch zu zeigen: »Einrückend gemacht« (»einrücken«), und »Was ist dir in das hinein?« (»Misch dich nicht ein«). Das Werk Kafkas ist mit solchen Satzformen gespickt.

Infolge einer solchen Sprache erhält Kafkas Botschaft jene Atmosphäre lächerlich absurder Pedanterie, die für ihn so charakteristisch ist. Die Prager Sprache schwingt zwischen dem Pol pedantischer Künstlichkeit (geschichtlich in der österreichisch-ungarischen Administration verkörpert) und dem Pol lächerlichen Sprachgemischs (geschichtlich z. B. in dem tschechischen, halbgermanisierten Unteroffizier Schwejk verkörpert). Weil Kafkas Gedanken a priori von dieser Sprache geformt sind, schwanken sie automatisch in dieser dialektischen Spannung. Die Überholung dieser Spannung führt zu der hämischen Ironie, die wir in der Regel Kafkas Ironie nennen.

Obwohl diese Ironie typisch für das Prager deutsche

Warten auf Kafka

Denken ist, erfährt sie im Werk Kafkas eine nie vorher erreichte Höhe. Mit einer fast morbiden Klarheit dringt Kafka zum Kern seines eigenen Denkens vor, jenen Kern, der ihm vom Charakter seiner Sprache auferlegt wurde, und benutzt bewußt die zuvor unbewußte grundlegende Ironie, um seine Botschaft zu artikulieren. Er benutzt authentisch das Klima der Inauthentizität, das ihm von der Sprache, in der er denkt, auferlegt wurde, um diese Inauthentizität zu zerstören, indem er sich selbst in diesem Prozeß zerstört. Es geht also um eine im höchsten Maß ironische Situation. Die grundlegende Inauthentizität von Kafkas Denken ist Quelle seiner allerhöchsten Authentizität, die gerade deswegen selbstzerstörerisch ist.

Die von Kafka angewandte Methode, jene Höhe der Ironie zu erreichen, besteht in der Verschiebung seiner Sprache auf Bedeutungsebenen, auf denen ihre Inauthentizität zum Himmel schreit. Die Sprache hat viele Bedeutungsebenen, und jede paßt normalerweise zu einem ihr entsprechenden Klima. Als Beispiele nenne ich die Ebenen der Konversation, der Wissenschaft und der Poesie. Auf jeder dieser Ebenen bedeutet die Sprache eine andere »Wirklichkeit«. Die Ebene, die Kafka gewählt hat, um in ihr seine Botschaft zu formulieren, wird normalerweise die »theologische« genannt. Das heißt, ihre Sätze bedeuten eine »Wirklichkeit«, von der die Religionen sprechen. Bei Kafka ist aber das Klima der Sprache für ihre Bedeutungsebene ganz unpassend. Es ist das trockene und sterile Klima der Beamtensprache im »Schloß« und »Prozeß«, oder das familiäre und bürgerliche Klima in der »Verwandlung«. Auf diese Weise öffnet Kafka einen ästhetisch unüberbrückbaren Abgrund zwischen der Form und der Bedeutung seiner Sätze. Automatisch nimmt die Botschaft den Charakter eines Codes an, sie wird verschlüsselt. Während die Botschaft, wie wir später sehen werden, fast unerträglich tragisch ist, ist der Code lächerlich und grotesk. Aus der Unvereinbarkeit zwischen Code und Botschaft entsteht das Erlebnis des Absurden, das uns Kafka verschafft.

EINE JÜDISCHE LITERATUR?

Der von Kafka verwendete Code dient dazu, die Bedeutungsschicht seiner Botschaft zu verbergen. Obwohl es nicht sehr schwierig ist, diesen Code zu entziffern, besteht ein gewisser Zweifel über die Gültigkeit der entzifferten Botschaft infolge der absurden Unvereinbarkeit beider. Es lag sicher in Kafkas Absicht, diesen Zweifel im Geist seiner Leser hervorzurufen, und es ist sehr wahrscheinlich, daß er selbst den gleichen Zweifel hegte. Ich glaube, daß wir hier ein in der Geschichte des menschlichen Denkens selten wiederholtes Beispiel von Selbstironie vor uns haben. Ein Prophet (weil Kafka ein Prophet ist, obwohl nach der jüdischen Tradition heterodox), der verstohlen die Inauthentizität seiner verschlüsselten Botschaft eingesteht und sie dadurch doppelt authentisch macht. Um auf ein Bild zurückzugreifen, würde ich sagen, daß sich Kafka nicht bemüht, den Schlüssel zu seinem Code zu verstecken, aber insgeheim zugibt, daß es sich vielleicht um den falschen Schlüssel handelt.

Fassen wir die erste Schwierigkeit, die sprachliche Schwierigkeit des Zugangs zu Kafkas Werk zusammen: Die Botschaft ist ins bürokratische und familiäre Prager Deutsch getaucht, das für ihre Bedeutung ganz unpassend ist. Ironischerweise ist jedoch gerade diese unpassende Sprache die eigentliche Quelle der Botschaft, weil sie im vorhinein alle Gedanken Kafkas gestaltet hat. Mit dieser absurden Behauptung, die so typisch für Kafkas Welt ist, gehe ich zur zweiten Schwierigkeit über.

Wenn ein Intellekt eine Botschaft in Richtung des allgemeinen Gesprächs entwirft, wird diese Botschaft dem Prozeß der Abnutzung durch Intellektuelle ausgeliefert, die an dem Gespräch teilnehmen und die Botschaft zerreden. Es handelt sich dabei um einen komplizierten Prozeß und eine schwierige Analyse. Einerseits sind wir versucht, ihn als Reinigungsprozeß anzusehen, so daß die Botschaft immer klarer wird. Zum Beispiel würde ein orthodoxer Jude vielleicht behaupten, daß die Botschaft der Bibel in dem Maße klarer wird, wie die Kommentare fortschreiten. Andererseits sind wir verleitet,

Warten auf Kafka

diesen Prozeß als eine Entstellung der Botschaft anzusehen. Die Protestanten der Reformation suchten zum Beispiel die reine Botschaft der Bibel, in dem Bemühen, sie von den Unsauberkeiten der nachfolgenden Kommentare zu befreien. Wir können diesen Prozeß auch als ununterbrochene Veränderung der Botschaft ansehen, die zu einem lebendigen Ding wird, wie es die Alten mit dem Satz »habent fata libelli« im Sinn hatten. So bedeutete zum Beispiel die Botschaft von Aristoteles in der Antike etwas anderes als im Mittelalter, etwas anderes im Humanismus und in der Romantik. Welche Meinung wir auch immer über den Prozeß haben, dem eine Botschaft im Laufe des Gesprächs unterworfen ist, eines ist sicher: die Botschaft hat ihrer eigenen Natur nach einen Empfänger, ein Schicksal, und sie ist solange nicht vollständig, hat sich solange nicht realisiert, bis sie den Empfänger erreicht, ihr Schicksal erlitten hat. Was ich mit diesen Betrachtungen sagen möchte, ist, daß uns die Botschaft, die uns von Kafka entgegengeschleudert wurde, noch nicht voll erreicht hat. Von unserem Standpunkt aus, vom Standpunkt der Gesprächspartner von Kafka, ist seine Botschaft verfrüht. Die Gründe für diese Behauptung sind folgende:

Kafka lebte in einer Welt, deren Problematik wenig oder nichts mit derjenigen seiner Zeitgenossen zu tun hatte, weshalb er zu seiner Zeit nicht »verstanden« wurde. Die Probleme, die ihn verfolgten und quälten, hatten für diejenigen, die mit ihm lebten, keine Bedeutung. Heute beginnen manche dieser Probleme eine Bedeutung zu bekommen – zum Beispiel die Situation von Eltern, die auf der Flucht vor der unpersönlichen Verfolgung durch unbedeutende Funktionäre den sicheren Tod suchen und die Kinder den Verfolgern überlassen. Ein anderes Beispiel ist die Situation eines Menschen, der seine Individualität verloren hat und zu einer Schraube im Apparat wurde. Es gibt indessen eine Anzahl von Situationen in Kafkas Werk, in die wir uns nicht einleben können und die, obwohl sie intellektuell verständlich sind, nicht authentisch nachempfunden werden können. Alle diese Situationen sammeln sich um ein Zentralproblem: um das eines Menschen, der vom allmächtigen, aber nachlässigen und inkompetenten Verwaltungsapparat vergessen wurde und der sich umsonst und ohne den kleinsten Sinn für Empörung bemüht, daß seiner gedacht wird. Heute ist nicht viel Phantasie nötig, um sich eine derartige Situation als eines der Zentralprobleme der nahen Zukunft vorzustellen. Eine Sache aber ist, sich die Situation vorzustellen, und eine andere, sie zu erleben. Kafka ist kein utopischer Schriftsteller, er schreibt keine »Science-fiction«. Er erlebt und erleidet authentisch die Situationen, die er artikuliert, und infolgedessen sind sie mit ihm gleichzeitig. Mit uns sind sie es aber nicht. Auch in diesem Sinn ist Kafka ein Prophet. Deshalb ist Kafkas Botschaft verfrüht, so wie es Jeremias Botschaft an die Bewohner des bedrohten, aber noch nicht zerstörten Jerusalems war.

Ich muß mich aber beeilen, diesen Überlegungen folgendes hinzuzufügen: Die prophetischen Situationen, die wir in Kafkas Werk vorfinden, sind Teil des Kafkaschen Codes, sie sind also Masken der echten Bedeutung der Botschaft. Obwohl sie, auch buchstäblich genommen, ihre Gültigkeit behalten (darin liegt ein weiterer Aspekt von Kafkas Ironie), erhalten sie ihren echten Impakt beim Entziffern. Vielleicht ist das Erlebnis der entzifferten Botschaft für uns möglich, ohne daß wir die Botschaft im Code erleben? Mit dieser Frage, die ich offenlassen muß, wage ich mich der eigentlichen Botschaft von Kafkas Werk zu nähern.

Diese Botschaft, wie sie durch das Prisma der beiden erwähnten Schwierigkeiten erscheint, verzerrt und zweifelhaft also, bezieht sich auf die Situation des Menschen angesichts der Mächte, die ihn regieren, auf die Situationen dieser Mächte dem Menschen gegenüber und auch auf die Mächte an sich. Wenn wir diese Botschaft auf einige Sätze zu reduzieren versuchten, etwas, womit Kafka nie einverstanden wäre, kämen wir beiläufig zu folgendem Resultat: Der Mensch lebt in ständiger Schuld den höheren Mächten gegenüber. Er weiß von

Warten auf Kafka

der Schuld und der Gerechtigkeit jeder Strafe, die ihm diese Mächte zufällig auferlegen werden, kennt aber die Art dieser Schuld nicht. Er sucht mit diesen Mächten in Verbindung zu treten, nicht um sie um Verzeihung zu bitten, sondern um seine Schuld zu klären, um zu »erfahren«. Diese Suche hat ausgezeichnete Aussichten auf Erfolg, weil die höheren Mächte scheinbar nah sind.

Indessen wird der Erfolg der Suche aus belanglosen und absurden Motiven immer wieder vereitelt. In seinem Innern weiß der Mensch immer von der Belanglosigkeit seiner Bemühungen, die höheren Mächte zu finden, und er weiß es trotz aller gegenteiligen Evidenz. Er besteht aber auf der Suche, weil er lieber der Evidenz Gehör schenkt als seiner intimen Überzeugung. Die so nahen und unerreichbaren Mächte bewahren eine Attitüde von Gleichgültigkeit und Verachtung dem Menschen gegenüber. Sie betrachten den Menschen als schuldig (darin sind sie sich mit ihm einig), aber es lohnt sich für sie nicht, ihn zu bestrafen. Er selbst provoziert die Strafe mit seiner Beharrlichkeit, seine Schuld zu kennen. Der provisorische Aufschub der göttlichen Strafe (warum sollte dieses Wort nicht benützt werden?) ist nicht Folge Seiner Barmherzigkeit, sondern Seiner Überorganisation. Die göttliche Macht funktioniert langsam und schlecht, weil sie viel zu kompliziert ist und in einer ganz ungeeigneten Routine verwaltet wird. Unter der Annahme der totalen Gleichgültigkeit der göttlichen Macht gegenüber dem Menschen hat dieses schlechte Funktionieren nicht die geringste Bedeutung. In diesem schlechten Funktionieren beruht aber die einzige Hoffnung des Menschen, der gerechten Strafe, die ihn erwartet, zu entgehen. Obwohl der Mensch davon weiß, bemüht er sich absurderweise, den göttlichen Apparat zu beschleunigen. Aus diesem vergeblichen Bemühen besteht das Ziel des menschlichen Lebens. So müssen wir Kafkas wichtigste Lehre verstehen: »Ich habe mein Leben damit verbracht, den Wunsch zu bekämpfen, es zu beenden.«

Die Theologie, die diese Botschaft vor unserem erstarrten Blick entschleiert, hat verschiedene Berührungspunkte mit Theologien unserer traditionellen Religionen, aber durch ihr Klima unterscheidet sie sich von ihnen. Das Klima des menschlichen Lebens ist Angst, durch keine Hoffnung gelindert, und das Klima der himmlischen Scharen ist Ekel. Die menschliche Angst ist eigentlich kein neuer Begriff, obwohl von ihm selten so vehement Gebrauch gemacht wurde wie bei Kafka. Was mir revolutionär und epochal (im genauen Sinn dieses Wortes) zu sein scheint, ist der Begriff des göttlichen Ekels. Gegenüber dem göttlichen Ekel nimmt unsere Angst tatsächlich gigantische Ausmaße an, unvergleichlich größere als die Angst vor dem göttlichen Zorn oder der göttlichen Eifersucht. Wir müssen diesen Ekel bis auf den Grund einsaugen, wollen wir zu Kafkas Theologie durchdringen. Es ist nicht der Ekel, den Gott vor seiner Schöpfung empfindet, der war schon den alten Propheten bekannt (»wir sind Gewürm vor Dir«). Es ist der Ekel, den Gott vor Sich Selbst empfindet. Diese Theologie scheint in ihrer Blasphemie so weit zu gehen, daß wir mit Kafkas Bemühungen, sie in Codes zu verschlüsseln, zu sympathisieren beginnen.

Es gibt viele und offensichtliche Berührungspunkte mit den traditionellen Theologien. Aus diesem Grund können wir Kafka als einen jüdischen, obwohl heterodoxen Propheten ansehen. Wir haben es bei ihm, um nur ein Beispiel zu nennen, mit dem Begriff der Erbsünde zu tun. Alle sind schuldig. Indessen ist charakteristischerweise die Erbsünde der primitive, »natürliche« Zustand des Menschen, nicht Folge einer menschlichen Handlung. Wir haben tatsächlich die Frucht vom Baum der Erkenntnis noch nicht gegessen, und es sind gerade unsere Anstrengungen, dieses Verbrechen zu begehen, die fortwährend und auf absurde Weise vergeblich sind. Richtig gesagt (und darauf, denke ich, beruht die allerhöchste Ironie), leben wir noch im Paradies, in einem Paradies Kafkas selbstverständlich. In einer solchen Theologie gibt es offensichtlich keinen Platz für eine Erlösung und einen Erlöser, da der Sturz noch nicht stattgefunden hat. Im Kontext von Kafkas Werk bleibt der eigentlichen Begriff der »Erlösung« ohne Bedeutung.

Wie faszinierend eine Aufzählung von Berührungspunkten zwischen der Botschaft von Kafkas Werk und der traditionellen Theologie auch sein mag, es wäre eine nichtige Übung. Die Überzeugungskraft dieser Botschaft hat mit ähnlichen Übungen nichts zu tun. Kafka überzeugt uns (mit jener Zurückhaltung, die wir hegen und die er selbst gewiß immer wieder hegte), weil der Blick, den er entschleiert, mit unserem intimsten Erlebnis übereinstimmt. Es handelt sich um ein derart schmerzhaftes Erlebnis, daß wir es dem Vergessen überantworten, es aber in unserem Geist weiter schlummert. Kafka ist gekommen, um es zu wecken. Betrachten wir die Wucht dieses Erlebnisses:

Kafka lehrt uns, daß das menschliche Leben ein vergebliches Suchen nach Wissen ist. Es geht dabei nicht um ein stolzes Suchen oder eines, das Macht verleiht. Es hat nichts mit der Hybris der Griechen zu tun. Das menschliche Leben hat nichts Heroisches an sich. Der Mensch ist kein Rebell. Die Suche, der er sich widmet, ist ein leises, demütiges Tasten, und das Wissen, wonach er sucht, ist das seiner eigenen Verdammnis und Nichtigkeit. Diese Ordnung der Ideen stimmt nicht mit dem Bild des Menschen überein, das wir zu entwerfen gewohnt sind, aber mit dem intimen Erlebnis von uns selbst, das wir im Moment der Einkehr haben. Kafka lehrt uns, daß die Mächte, die uns regieren, gleichgültig und an unserem Schicksal desinteressiert sind. Es handelt sich dabei nicht um die Gleichgültigkeit und das Desinteresse der blinden Naturkräfte, die im letzten Jahrhundert in der Vorstellung der naiven Ungläubigen die Gottheit ersetzten. Es handelt sich um eine Gleichgültigkeit voller Verachtung, und die Mächte, welche die Gleichgültigkeit uns gegenüber hegen, zeigen es, indem sie auf absurde Weise und ohne Regeln, um nicht zu sagen: idiotisch, mit uns spielen. Diese Ordnung der Ideen stimmt weder mit dem traditionellen theologischen Begriff von der göttlichen Vorsehung überein, noch mit dem wissenschaftlichen Begriff der Naturgesetze, aber mit unserem intimen Erlebnis von der Dummheit und Absurdität unserer Mißgeschicke. Kafka lehrt, daß die höheren Mächte eine administrative, hierarchisch überorganisierte Maschine sind, eine pedantische Maschine, bestechlich, schlecht funktionierend und widerlich. Diese Idee von der Gottheit ist ebenso für den Gläubigen wie für den Ungläubigen abstoßend und grotesk. Sie stimmt aber mit dem intimen Erlebnis überein, das wir von den Mächten haben, die uns regieren. Warum sonst beten wir, wenn nicht, um eine niedrigere Instanz in der göttlichen Hierarchie zu bestechen? Warum machen wir uns selbst Versprechungen, wenn nicht, um einen himmlischen Unteroffizier zu täuschen, welcher, halb mit unserem Fall beauftragt, diesen für ärgerlich und viel zu langweilig hält, um sich für ihn wirklich zu interessieren? Warum üben wir gute Taten aus, wenn nicht, um eine Gutschrift auf unser himmlisches Konto zu erhalten, wobei wir zur selben Zeit befürchten, daß ein inkompetenter Buchhalter eine falsche Buchung macht? Es ist nicht nur unser individueller Geist, der mit Kafkas Begriff der Gottheit Umgang pflegt, sondern sogar die traditionellen Religionen nähren ihn. Welche andere Bedeutung kann zum Beispiel das Gebet »Ora pro nobis« haben, wenn nicht: »Vergiß nicht für uns zu beten, da du sehr gut in der Lage bist zu vergessen«? Kurz, die Überzeugungskraft, die Kafkas Botschaft hat, stammt nicht aus der Vernunft, nicht aus dem Glauben, sondern aus dem direkten Erleben.

Sollte sich Kafkas Botschaft auf die Gedanken, wie sie oben betrachtet wurden, reduzieren lassen, könnten wir uns vor der unbarmherzigen, authentischen Analyse der menschlichen Existenz in den religiösen Glauben flüchten. Die Botschaft beschränkt sich nicht auf diese Gedanken. Im Gegenteil, sie hat eine unartikulierte und unartikulierbare Dimension, die diese Flucht in den religiösen Glauben im traditionellen Sinn nicht erlaubt, weil sie den Glauben einschließt und überholt. Kafkas Botschaft ist nicht antireligiös, sie führt durch die Religion und überholt sie, ohne sie zu verlassen. Wenn ich diese Region, in der die Sprache aufhört zu funktionieren, zu artikulieren versuche, muß ich mich der Annäherung bedienen. Diese Dimension von Kafkas Botschaft kann authentisch nicht gedacht, sondern bloß erahnt werden.

Kafkas Botschaft trägt unser Denken in jene feine Schicht, die von Mystikern »Unio mystica« genannt wird. Es ist die Schicht, in der, laut Zeugenaussage der Mystiker, Gedanke und Gedachtes, »Seele« und »Gott« verschmelzen. Im Gegensatz dazu bezeugt Kafka die Inauthentizität und Absurdität dieses Verschmelzens. Was den Sinn des Lebens betrifft, stimmt Kafkas Erlebnis mit den Mystikern überein: Es ist die Suche nach Gott. Was die Endsituation dieser Suche betrifft, unterscheidet es sich indessen: Gott enthüllt sich, nachdem er gefunden wurde, als Nichts. An der Stelle, an der der Glaube Gott annimmt, entdeckt Kafkas Erlebnis den Abgrund des Nichts. Das Denken, auf seinem Vormarsch zu Gott, erreicht einen Punkt, an dem es vom Schwindel erfaßt wird, weil es plötzlich erkennt, daß Gott nichts als ein Reflex des eigenen Denkens auf der stillen und abgründigen Oberfläche des Nichts ist, an dessen Ufer sich das Denken jetzt befindet. In diesem Schwindel, »vis-à-vis dem Nichts«, hat der Intellekt das zerstörerische Erlebnis der totalen Nichtigkeit des Lebenssinns und der totalen Nichtigkeit »Gottes«, dieses seines Spiegels. Das ist, laut Kafka, das authentische Erleben der »Unio mystica«. Und der Intellekt begibt sich, nachdem er dieses Erlebnis hatte, absurderweise wieder auf den gleichen Weg, hält (trotz seiner gegenteiligen Überzeugung) sein eigenes Spiegelbild wieder für Gott und beginnt sein Sisyphus-Werk von neuem – mit dem Unterschied allerdings, daß er diesen »neuen« Gott für eine hierarchisch höhere Instanz als die erste nimmt. Der Fortschritt des Denkens ist also ein Weg in die Hierarchie des Nichts.

Dies scheint mir in nuce Kafkas Botschaft zu sein: Der pedantische, überorganisierte, lächerlich fehlerhafte Gott, der Ekel vor sich hat und Langeweile mit sich selbst, ist nichts anderes ist als eine fortschreitende Anhäufung menschlichen Nachdenkens über das Nichts. Der Fortschritt des Denkens, der Fortschritt des menschlichen Lebens ist ein Fortschritt in Richtung des Nichts und führt über eine hierarchisch organisierte Skala von Erlebnissen des Nichts. Ekel und Langeweile sind die Kehrseite der Angst, so wie Gott die Kehrseite des Denkens ist. Die »Unio mystica« ist das Zusammentreffen des Ekels mit der Angst. Dieses Zusammentreffen ist das authentische Erlebnis des gleichzeitigen Denkens der zwei Prinzipien von Nietzsche: »Alles ist Wille zur Macht« und »die ewige Wiederkehr des Gleichen«. Kafka ist Existentialisierung Nietzsches.

Jetzt verstehen wir den tiefen Grund des chiffrierten Codes, in den Kafkas Botschaft getaucht ist. Kafka bemüht sich, das Unartikulierbare zu artikulieren, weil er das Undenkbare denkt. Es handelt sich hierbei also um eine offensichtlich absurde Anstrengung. Der Code, in seiner lächerlichen Unstimmigkeit mit der Botschaft, in seiner absurden Unvereinbarkeit mit der ihm auferlegten Aufgabe, ermöglicht ironisch die Anstrengung. Das Unartikulierbare wird nicht artikuliert, das Undenkbare wird nicht gedacht, sondern etwas ganz und gar lächerlich anderes wird artikuliert und gedacht, das im Leser Undenkbares und Unartikulierbares, im Widerspruch sozusagen, zum Leben erweckt. Kafkas Botschaft ist eine Parabel, so wie es die Botschaften der Propheten Israels waren, und in diesem Sinn ist Kafka ein Glied in der Kette der jüdischen Tradition. Sie ist aber eine absurde Parabel, und eben deshalb gelingt es ihr, im »sympathetischen« Leser das Schwingen und Erleben des Absurden hervorzurufen.

Obwohl es sich um einen Autor handelt, der noch am Leben sein könnte, erreicht uns seine Botschaft nicht auf direktem Weg, sondern über einen Schüler, möglicherweise über einen Exegeten, über Max Brod. Auch

Warten auf Kafka

dieser scheinbar zufällige Umstand ist absurd. Er erhöht unseren Zweifel an der Authentizität der Botschaft. So also, zweifelhaft, ironisch und absurd wurde uns die Botschaft überbracht, damit wir, so gut wir können, auf sie antworten. Man kann nicht behaupten, daß wir mit unseren Antwortversuchen bislang brillant dastehen. Diese Versuche bedecken eine Serie von Ausflüchten, die gewöhnlich Existentialismus genannt wird. Sie beinhaltet so verschiedenartige Antworten wie die eines Sartre und die eines Buber. Größtenteils sind sie nicht ausdrücklich auf Kafka gegeben worden. Aber das Klima, in dem sie sich entwickeln, ist das Klima Kafkas, und die Denkkategorien sind Kafkas Kategorien. Es will mir aber scheinen, daß alle bis jetzt angebotenen Antworten Versuche einer Rückkehr zu einer traditionellen Religiosität oder zum Atheismus sind, eine unmögliche Rückkehr also für jemanden, der sich Kafkas Botschaft tatsächlich zu eigen gemacht hat. Sie sind grundsätzlich unauthentisch, sie sind Ausflüchte. Kafkas Herausforderung muß authentisch angenommen werden, unter der Gefahr, daß das große Gespräch, das die Zivilisation ist, in totaler Nichtigkeit verlorengeht. Indem wir auf eine authentische Antwort auf Kafka warten, warten wir also noch immer auf die vollständige Verwirklichung seiner Botschaft. Warten auf Kafka.

David Flusser

DER PRAGER JUDE VILÉM FLUSSER

Das Buch über das Judesein meines verstorbenen Vetters ist aus seinen Veröffentlichungen und dem Nachlaß des bedeutenden Denkers entstanden, eine sehr verdienstvolle Tat! Was mein philosophischer Vetter über sein Judentum und das Judentum überhaupt gedacht hat, ist bedeutend, obwohl er auch sonst wichtiges zum heutigen Denken beigetragen hat. Mir persönlich ist das gegenwärtige Buch besonders lieb, schon allein deshalb, weil es ein jüdisches Selbstportrait bringt und weil es ein weißer Rabe unter den vielen Äußerungen über das Judentum aus den letzten Jahren ist. Es ist nicht ein narzißtischer Wortschwall, sondern die reif gewordene Frucht eines ernsten Ringens. Wenn etwas von dem, was mein Vetter geschrieben hat, einen Anspruch auf dauernden Wert besitzt, dann gerade dieses Buch. Es verträgt den Vergleich mit Nietzsche oder Kierkegaard, und gerade dadurch wird das Buch nicht nur zu einem Versuch, sondern zu einer Versuchung für die (hauptsächlich nicht-jüdischen) Leser.

Aber dazu vielleicht später. Vorher will ich über meine Eindrücke oder, wenn es erlaubt ist, über das Zusammenwirken mit meinem Vetter sprechen. Schon als wir Kinder waren, habe ich nicht nur Viléms Geist, sondern auch sein lebhaftes Interesse an jüdischen Werten bewundert. Das habe ich bei unseren Treffen in Prag erlebt. Ich war kein Prager Jude, sondern eher tschechisch, wenn man so will, ein Mann (oder ein Kind) vom Lande. Beide haben wir vom Judentum nicht viel gewußt, aber uns als Juden gefühlt. Das war damals auch für einen assimilierten Juden beinahe immer eine Selbstverständlichkeit. Durch Hitler haben wir, auch geographisch, einen verschiedenen Weg betreten. Wir haben alle gesehen, daß besonders für seinen engagierten Vater eine akute Lebensgefahr bestand – er war nicht nur ein »Nichtarier«, sondern als der Direktor der (deutschen) Mittelschule dazu verpflichtet, unter den Schülern keine offen auftretenden Nazis zu dulden. Als er eine Vorladung der Gestapo erhielt, haben wir ihm geraten, auf geheimen Wegen nach Polen zu flüchten. Aber er lehnte es ab. »Was habe ich denn verbrochen?« Er ist als »Geisel« in Buchenwald gestorben. Das habe ich bereits in Jerusalem erfahren, bevor meine Eltern nach Theresienstadt verschleppt wurden. Als meinen nichtjüdischen Namen trage ich seinen Namen Gustav. Der Onkel war damals noch nicht verheiratet und hat sich über meine Geburt, des ersten Flusser der neuen Generation, sehr gefreut.

Wie gesagt, haben sich unsere Wege unter Hitler getrennt. Seine damals zukünftige Frau hat ihn im letzten Moment aus Prag gerettet. Er konnte mit ihr und ihrer Familie nach London und dann nach Brasilien gelangen, und ich kam mit meinem Bruder nach Jerusalem, studierte an der hebräischen Universität und wurde am Ende dort ein Professor. Ich habe den Weg zum jüdischen Modell gefunden und lebe, wie es mein Vetter schön beschrieben hat, wie ein »voremanzipatorischer Zionist«. Ganz geheuer scheint mir jetzt mein Weg nicht zu sein, vielleicht bin auch ich ein wenig »bodenlos«, aber das mag ein jeder aus den Erwähnungen meiner Person in dem vorliegenden Buch meines philosophischen Vetters herauslesen.

Vilém wurde, nach nicht einfachen Anfängen, eine »Berühmtheit«, und zwar irgendwie meteorenhaft, und sein tragisches Ende bei einem Autounfall in seinem Vaterland ähnelte ebenfalls dem Einschlag eines Meteors, aber man soll sich dadurch nicht davon abschrecken lassen, von ihm zu lernen. Übrigens habe ich aus Briefen und Gesprächen mit ihm den Eindruck gewonnen, daß er über seinen großen Eindruck auf andere und über seinen Ruhm irgendwie erstaunt gewesen ist.

Wir standen ständig in Kontakt. Einmal wollte er mir sogar in São Paulo eine Professur verschaffen, was ich

David Flusser

damals nicht annehmen konnte, weil ich in einer jüdischen wissenschaftlichen Umgebung leben wollte. Zu einer Art persönlichen Zusammenarbeit und zu kontinuierlichen, für mich sehr fruchtbaren Gesprächen kam es öfters seit 1975, als ich zum ersten Mal in der Schweiz gewesen bin. Da wir einen ähnlichen vulkanischen Charakter haben, waren die Gespräche immer »allegro molto«. Um die Wahrheit zu sagen, haben wir uns gegenseitig dauernd bewundert. Zu irgendeiner Differenz ist es zwischen uns nie gekommen, auch in der Sache nicht. Es waren eher (sehr laute) Duette, wenn auch nicht nach dem Lehrbuch »Gradus ad Parnassum«. Ich war auch fast immer ein Lernender, nicht nur aus Faulheit.

Das möchte ich ein wenig erklären. Ich bin ein Mensch à la Erasmus von Rotterdam – sogar meine jüdische Religiosität ist »erasmisch« geworden –, aber ich bin, Gott sei dank, nicht, wie viele meiner Kollegen, eine Art von Käsewurm. Als Kind habe ich einmal einen unmetaphorischen Käsewurm beobachtet, wie er sich unwohl fühlte, als er von uns aus seinem Olmützer Quargel an die frische Luft gesetzt wurde. So bin ich doch nicht, und darum bewundere ich alle die Schmetterlinge, welche in freier Bewegung unbehindert fliegen können, was mir durch meine erasmische Natur verwehrt bleibt. Aus diesem Grund habe ich versucht, von den gewagten Modellen meines Vetters zu lernen. Denn man kann nur dann derart wichtige Modelle aufbauen, wenn man wagt, manche Einzelheiten der Phänomene auszulassen, damit das Ganze einen belangreichen Sinn annimmt. Solche heilige Einseitigkeit ist nötig, wenn man die Seelen der Menschen fruchtbar gewinnen will. Wie bei der Malerei handelt es sich um eine künstlerische Komposition. So etwas nennt man heutzutage Modell. Durch einen solchen Vorgang ist es meinem Vetter gelungen, die Hauptsache vieler Aspekte des Judentums zu erfassen.

Ich werde ein Beispiel von unserem ersten Treffen in Luzern bringen. Vilém war damals bei einem meiner Vorträge an der dortigen Universität anwesend, und es kam zu einem sonderbaren Zwischenfall. Ich habe einen Spruch von Jesus erläutert, aber ein älterer katholischer Professor wandte ein, daß ich durch meine Exegese den Glauben der Studenten schwäche. Ich habe die Geister wieder beruhigt, und dann haben wir uns mit dem Vetter unterhalten. Ich habe gesagt, was ja viele wissen, daß Jesus in seiner Religionspraxis ein rabbinischer Pharisäer gewesen ist. Da hat Vilém Flusser eingewandt: »Das scheint zu stimmen, aber während das rabbinische Judentum ein geschlossenes Spiel treibt, ist Jesus' Spiel ein offenes.« Ich weiß, daß heute viele Nachkommen der Pharisäer damit nicht einverstanden wären, aber wenn man von dem »Guck« meines Vetters ausgeht, öffnen sich weite Horizonte.

Vilém Flusser gelingt es, das Judentum sowohl von außen als auch von innen zu sehen, so wie es manche moderne Maler machen. Er sieht das Judentum von außen, weil er sich mit dem von ihm bewunderten orthodoxen Judentum voll identifizieren kann, schon wegen seiner relativen Unbildung auf diesem Gebiet. Aber seine regsame Genialität ermöglicht ihm, das Wesen des »authentischen« Judentums von innen zu erfassen. Gerade sein peripheres, »bodenloses« Prager Judentum ermöglicht ihm, mehr vom Judentum zu begreifen, als, so meine ich, die Mehrzahl der »praktizierenden« Juden. Es versteht den jüdischen Ritus richtig als eine Heiligung des Lebens. Darum befindet sich das »fromme« Judentum im Gegensatz zu jeder Magie, weil seine Gebote bei aller Konkretheit so immateriell sein sollen wie ein künstlicher Eistanz. Aber man darf nie Viléms unglaubliche Intuition vergessen. Ohne sie könnte er nie Agnon so richtig verstehen und seine Religiosität als frei gewählte Lebensweise erfassen. Das hat vor ihm niemand so richtig gesehen. Ich habe Agnon sehr gut gekannt, und was Vilém Flusser über ihn schreibt, stimmt haargenau.

Man sollte nicht aus dem konkreten Leben eines anderen motivisch ein Kunstwerk schaffen, aber manchmal habe ich den Eindruck, daß, wie ich zu sagen pflege, der liebe Herrgott den motivischen Bau Agnons in konkreten Schicksalen seiner Geschöpfe nachahmt. Das tragische Ende meines berühmten Vetters in der Heimat, in die er zurückgekehrt ist, hebt in Agnons Art und Weise die »Bodenlosigkeit« Vilém Flussers irgendwie auf. Der Ring schließt sich tragisch. Ich weiß, daß das, was ich eben geschrieben habe, leider einen Geruch von Blasphemie hat. Sei ein Mann und folge mir nicht nach!

Am Ende sollte ich doch mein Versprechen einlösen, das ich zu Beginn des Nachwortes gegeben habe. Was ist also die Gefahr des neuen Buches hauptsächlich für den nicht-jüdischen Leser? Ich selbst habe gerade in der Schweiz ein Buch veröffentlicht, das die Schriftrollen vom Toten Meer behandelt. Die Mehrheit der (wohlwollenden) Kritiker sagt: »Endlich ein Buch über diese Texte vom jüdischen Standpunkt.« Das hat sogar meinen (nichtjüdischen) Verleger geärgert: »Diese Kerle können nicht verstehen, daß das Buch von einem denkenden Menschen geschrieben ist!« Auch in den Fällen, in denen ein Jude sagt, daß es heute Abend ist, hat er »aus jüdischer Sicht« gesprochen. Wenn dann wirklich ein Jude über das Judentum schreibt, macht er den Nichtjuden das Leben leichter. Das lag sicher nicht in der Absicht meines Vetters. Man lese auch seine anderen Bücher, in welchen er sich nicht als Juden darstellt.

NACHWEISE

1 *Die Brücke*
Unveröffentlicht; undatiertes Manuskript in englischer Sprache, betitelt: »The bridge«. Übersetzung: Ines Karin Böhner.

2 *Brief an Dr. Joseph Fränkl, 16. Mai 1976*
Unveröffentlicht; das Original des Briefes befindet sich im Vilém-Flusser-Archiv in München.

3 *Vater*
Unveröffentlichte Vorstufe eines Textes für *Angenommen. Eine Szenenfolge*, Göttingen: Immatrix Publications, 1989.

4 *Romy Fink*
Aus: *Bodenlos. Eine philosophische Autobiographie*, Bensheim und Düsseldorf: Bollmann, 1992. Der Text entstand um 1973.

5 *Brief an David Flusser, 14. März 1973*
Unveröffentlicht; trotz der englischen Datumsangabe wurde der Brief auf Deutsch geschrieben; das Original befindet sich im Vilém-Flusser-Archiv in München.

6 *Die Enttäuschung*
Unveröffentlicht; das Manuskript ist datiert (Rehovot 8.5.80). Flusser schrieb diesen Text im Verlauf seines ersten Israel-Besuchs auf Portugiesisch. Übersetzung: Edith Flusser.

7 *Eine Frage von Modellen*
Unter dem Titel: »Uma questão de modelos« erschienen in der Zeitschrift *Shalom*, São Paulo, September 1980 (16. Jg., Nr. 181, S. 10–12). Aus dem Portugiesischen von Edith Flusser.

8 *Brief an David Flusser, 4. Februar 1990*
Unveröffentlicht; das Original des Briefes befindet sich im Vilém-Flusser-Archiv in München.

NACHWEISE

9 *Kann man sein eigenes Judentum überholen?*
Unter diesem Titel erschienen in der Hamburger Zeitschrift *Spuren*, Nr. 33, 1990, S. 18f.

10, 11, 13 *Jude sein (1–3)*
Unveröffentlichte Manuskriptfolge; undatiert; Originaltitel: »Ser judeu«. Aus dem Portugiesischen von Edith Flusser.

12 *Judentum als Quelle des Westens*
Unter dem Titel: »Judaismo como fonte do ocidente« erschienen in der Zeitschrift *Crônica Israelita*, São Paulo, 16. Januar 1965. Aus dem Portugiesischen von Edith Flusser.

15 *Vom jüdischen Ritus*
Unter dem Titel: »Do rito judeu: uma reflexão sobre a essência do judaismo« erschienen in der Zeitschrift *Shalom*, São Paulo, Juli 1983 (18. Jg., Nr. 211, S. 22f.). Aus dem Portugiesischen von Edith Flusser.

16 *Vom Fremden*
Unveröffentlicht; undatiertes Manuskript in deutscher Sprache, geschrieben 1982.

17 *»Dostojewskij und das Judentum«*
Unveröffentlicht; undatiertes Manuskript in deutscher Sprache, geschrieben 1981.

18 *Selbstauslöser*
Veröffentlicht in Westermanns Monatshefte, Nr. 11/86, November 1986, S. 102–107

19 *Odi et amo*
Als Replik auf einen Beitrag von Peter Strasser unter diesem Titel veröffentlicht in *Manuskripte. Zeitschrift für Literatur*, Graz, Heft 10, 30. Jg., Dezember 1990, S. 150–151.

20 *Judenstaat '91*
Unveröffentlicht; undatiertes Manuskript in deutscher Sprache, geschrieben 1991.

21 *Juden und Sprache*
Unter diesem Titel erschienen in Spuren, Nr. 32, März 1990, S. 18f.; der Text entstand im Jahr zuvor.

22 *Pilpul (1)*
Unveröffentlicht; undatiertes Manuskript in deutscher

Sprache. Originaltitel: »Pilpul. Die Lage des an den Westen assimilierten Juden an einem Beispiel«; geschrieben 1990.

23 *Pilpul (2)*
Unter dem Titel »Pilpul« erschienen in *kultuRRevolution*, Zeitschrift für angewandte Diskurstheorie, Essen, Nr. 23, Juni 1990, S. 43–45.

24 *Agnon oder das Engagement für den Ritus*
Unter dem Titel: »Agnon, ou o engajamento no rito« als Vorwort erschienen in: Sch. I. Agnon, Novelas de Jerusalém, Edição comemorativa da outorga do Prêmio Nobel a Sch. I. Agnon, São Paulo: Editôra Perspectiva, 1963. Aus dem Portugiesischen von Edith Flusser.

25 *Warten auf Kafka*
Unter dem Titel: »Esperando por Kafka« zuerst erschienen in der Zeitschrift *Cavalo Azul*, São Paulo, Ausgabe April/Juni 1963, S. 179–185; eine erweiterte Fassung dann in: Vilém Flusser, *Da Religiosidade*, São Paulo: Conselho Estadual de Cultura, 1967. Aus dem Portugiesischen von Edith Flusser.

Vilém Flusser

SCHRIFTEN

*Herausgegeben von Stefan Bollmann
und Edith Flusser*

Dem Redner eilte der Ruf des »digitalen Denkers« voraus, »wie vor ihm nur noch McLuhan« (FAZ). Den philosophischen Schriftsteller Vilém Flusser, von dem zu Lebzeiten nur wenige Buchveröffentlichungen vorlagen, zeigt die Werkausgabe seiner Schriften als »glänzenden Essayisten, zwingenden Denker, sensiblen Visionär« – »stringent, sprachlich brillant, mit ironischem Beiklang und distanzierter Schärfe« (FAZ). Der lebenslange Migrant bleibt auch in seinen thesenreichen Schriften ein Grenzgänger: zwischen Realem und Fiktivem, Erlebtem und Gedachtem, anzusiedeln »zwischen Spinoza und Voltaire: Der Menschen Tun nicht zu beweinen, sondern es zu begreifen, kam von Spinoza; nicht alles zu sagen, um nicht zu langweilen, von Voltaire. Beide Methoden zusammen verschaffen Flusser die Flexibilität seines Denkens« (Harry Pross).

Die Werkausgabe konzentriert sich auf die nachgelassenen und an verstreuten Orten publizierten Schriften Vilém Flussers, darunter 5 bislang unveröffentlichte Monographien.

Sämtliche Bände erscheinen in einer schönen Ausstattung: in Leinen gebunden, Büttenumschlag mit Silberprägung, Büttenvorsatz, Lesebändchen und Fadenheftung.

Bei Abnahme aller 14 Bände gilt der günstigere Subskriptionspreis.

Bislang erschienen:

BAND 1:
Lob der Oberflächlichkeit. Für eine Phänomenologie der Medien, 336 Seiten. Leinen.
BAND 2:
Nachgeschichte. Eine korrigierte Geschichtsschreibung, 336 Seiten. Leinen.
BAND 3:
Vom Subjekt zum Projekt. Menschwerdung, 288 Seiten. Leinen.
BAND 5:
Brasilien oder die Suche nach dem neuen Menschen. Für eine Phänomenologie der Unterentwicklung, 336 Seiten. Leinen.

Im Mai 1995 erscheint:

BAND 4:
Kommunikologie, ca. 360 Seiten. Leinen.

Das Werk des Philosophen Vilém Flusser wird greifbar. Die ersten Bände der vom Bollmann Verlag betreuten Edition vermitteln einen fesselnden Einblick in Flussers Denken – und einen Eindruck von seiner überwältigenden Formulierungsgabe.
TAGESANZEIGER, ZÜRICH